楽しく折って親子で世界一周！

旅のおりがみ100

新宮文明

もくじ

おりかた……4　　クイズの答え……158

見に行こう！
日本一のもの……5

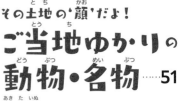

東京スカイツリー……6
富士山……9
パンダ……10
きょうりゅう……12
花火……14
ジンベエザメ……17
大仏さま……18
ロケット……20

その土地の'顔'だよ！
ご当地ゆかりの動物・名物……51

秋田犬……52
シカ……54
ウミガメ……56
信楽たぬき……58
まねきねこ……60
だるま……62

おいしいものがいっぱい！
日本各地の食べもの くだもの……23

おすし……24
かに……30
ごはん……31
ラーメン……32
ギョウザ……33
さくらんぼ……34
メロン……36
すいか……37
とうもろこし……38
もも……39
ぶどう……40
みかん……42

ほんとうにいたかも？
妖怪・伝説の生き物……63

三猿(見ざる・言わざる・聞かざる)……64
てんぐ……66
かっぱ……68
にんじゃ……70
ももたろう……72

すごいな！
日本のものづくり……43

うで時計……44
めがね……46
ジーパン……47
スプーンとフォーク……48
ほうちょう……50

心に残そう
季節の行事……73

おひなさま……74
さくら……78
もみじ……80
雪のけっしょう……82
雪だるま……84
七夕の星……86

みんな友だち 世界の動物……87

ハシビロコウ……88
アルパカ……90
ゾウ……92
キリン……94
コアラ……96
カンガルー……98
イルカ……100
ラクダ……102

いつか行きたい！ 有名な世界遺産・建築……103

風車とチューリップ……104
エッフェル塔……108
自由の女神……110
ピラミッドとスフィンクス……112

本場で食べたい！ 世界のグルメ……115

ピザ……116
アイスジェラート……117
クロワッサン……118
紅茶……119
マカロンとケーキ……120
ワインとワイングラス……122
ビール……124
タピオカドリンク……125
パイナップルとバナナ……126
ハンバーガー……128
メープルシロップ……130

ほしくなっちゃう！ 民芸品・民族いしょう……131

チマチョゴリ……132
チャイナドレス……135
マトリョーシカ……136
オランダの木ぐつ……137
着物……138

発祥の地を知ろう！ カルチャー・スポーツ……141

おんぷ……142
フラメンコギター……144
サッカー……146
グローブとボール……147
リュック……148
アロハシャツ……150

日本でもおなじみ！ 楽しい世界のおまつり……151

ハロウィン かぼちゃとぼうし……152
クリスマス サンタとツリー……154

本書のご利用にあたって

・本書では表・裏の区別をあらわすため、両面折り紙を使っています。ご自分で折るときは、好きな色、テーマに合った色などをお選びください。

・本書には、おりがみをきっかけとして、実際におでかけするのにおすすめのスポットや、関連するクイズを掲載しています。情報は2020年9月末日現在のもので、発行後に変更になる場合があります。お祭りやイベントについても、年により中止や変更の場合もありますので、必ず事前に現地の情報をご確認下さい。

・本書に掲載している地図は、わかりやすくするため、一部をのぞき離島の記載を割愛している場合があります。

おりかた記号のかいせつ

点線でおる（谷おり）

点線でうしろにおる（山おり）

おり目をつけてもどす

かぶせおりにする

中わりおりにする
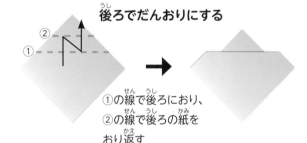

前でだんおりにする

①の線で上におり、
②の線でおり返す

後ろでだんおりにする
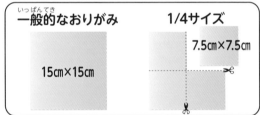

①の線で後ろにおり、
②の線で後ろの紙を
おり返す

ふくろをひらく
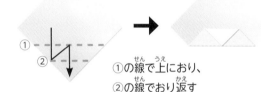

おりがみのサイズ

一般的なおりがみ	1/4サイズ
15cm×15cm	7.5cm×7.5cm

動画について

↓このマークが目じるしです

◀動画もあるよ！

★本書には作家・新宮文明主宰のおりかたサイト「おりがみくらぶ」の動画
　につながるQRコードを掲載しています。
　本書とあわせておりかたの参考にしてみましょう。
★動画は予告なく内容を変更することや終了する場合もあります。
★動画と本書でおりかたが異なる場合があります。
※QRコードは株式会社デンソーウェーブの登録商標です。

おりがみくらぶ　http://www.origami-club.com/

日本一のもの

日本 見に行こう!

日本一大きい、日本一古い、日本一多い…などなど、
各地の「日本一」を集めてみたよ!
知ってるものはいくつあるかな?
実物もぜひ、たしかめに行ってみてね!

ふつう ★★		使う道具 ✂はさみ ▮のり

紙のまい数・サイズ

1まい

15×15cm

◀動画もあるよ!

巨大タワーを
てのひらサイズに

東京スカイツリー

"上"をつくろう

1 紙を半分に切る

上用　下用

2 たて横半分におっており目をつけてもどす

3 点線で後ろにおる

1cm

4 点線でおる

5 ふちに合わせておっており目をつけてもどす

6 ←からすきまを開いてつぶすようにおる

10 重ねるように点線でおる

11 うら返す

12 "上"のできあがり

9 点線でおり上げる

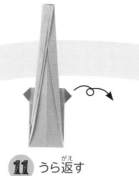

"下"をつくろう

1 たて横半分におっており目をつけてもどす

8 反対がわも④〜⑦と同じようにおる

2 点線で後ろにおる

3分の1より少し外がわ

次のページへつづく

3 重ねるように点線でおる

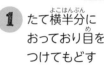

7 ふちに合わせておる

おり目から2分の1より少し外がわ

5 ④と同じように↑からすきまを開いて三角をつぶすようにおる

4 ↑からすきまを開いて三角をつぶすようにおる

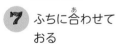

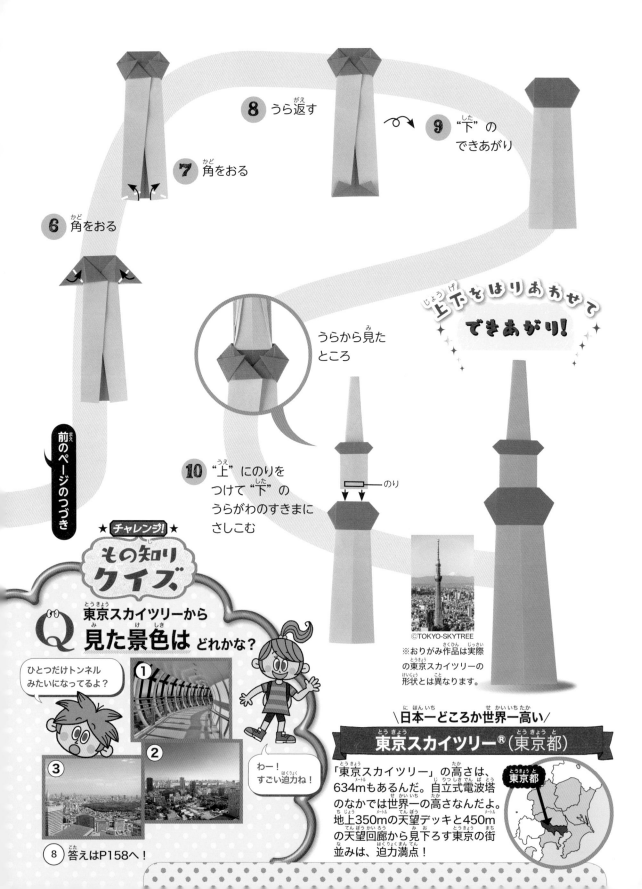

8 うら返す

9 "下" のできあがり

7 角をおる

6 角をおる

うらから見たところ

上下をはりあわせてできあがり！

前のページのつづき

10 "上" にのりをつけて "下" のうらがわのすきまにさしこむ

のり

©TOKYO-SKYTREE

※おりがみ作品は実際の東京スカイツリーの形状とは異なります。

★チャレンジ！★
もの知りクイズ

Q 東京スカイツリーから見た景色はどれかな？

ひとつだけトンネルみたいになってるよ？

① ② ③

わー！すごい迫力ね！

⑧ 答えはP158へ！

＼日本一どころか世界一高い／

東京スカイツリー®（東京都）

「東京スカイツリー」の高さは、634mもあるんだ。自立式電波塔のなかでは世界一の高さなんだよ。地上350mの天望デッキと450mの天望回廊から見下ろす東京の街並みは、迫力満点！

東京都

富士山／東京スカイツリー

青と白のコントラストがきれい

紙のまい数・サイズ

1まい

15×15cm

海外でもよく知られる

日本一高い山

富士山

1 たてに半分におっており目をつけてもどす

2 横に半分におる

2cm

3 上の1まいをおり下げる

4 点線でおる

5 後ろの紙が見えないように後ろにおる

できあがり！

6 真ん中で少し後ろにおって立つようにする

さすが、日本がほこる世界遺産！

★チャレンジ！★

もの知りクイズ

Q 富士山に登ったときに**持ち帰ってもよい**ものはどれ？

① 落ちている石

② 生えている植物

③ 旅の思い出

写真提供：静岡市三保松原文化創造センター

約3万本の松林が続いているよ

\日本一の山 富士山を見るなら/

三保松原（静岡県）

富士山の高さは約3776m。静岡県と山梨県にまたがり、周辺には富士山がきれいに見えるスポットがたくさんあるんだ。なかでも静岡県の「三保松原」から見る白波と松林越しの富士山はおすすめ。

静岡県

答えはP158へ！

むずかしい ★★★

◀動画もあるよ！

表情もチャーミング♪

パンダ

紙のまい数・サイズ

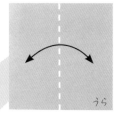
1まい

15×15cm

1 たてに半分におっており目をつけてもどす

うら

2 真ん中に合わせておっており目をつけてもどす

3 ②のおり目に合わせておっており目をつけてもどす

向きを変える

4 たて横半分におっており目をつけてもどす

5 真ん中に向かっておる

9 おったところを点線でおり下げる

6 真ん中のおり目に合わせておる

7 全部開く

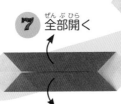

8 点線でおる

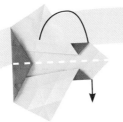

13 点線でおる

14 後ろに半分におる

15 ←からすきまを開いて点線でつぶすようにおる

16 点線で後ろにおる

目を書いて できあがり！

12 ⑪のおり目に合わせて1、2の順に点線でおる

17 角をおる

11 点線でおっており目をつけてもどす

18 3かしょを点線で後ろにおる

19 角をしまうように中わりおりにする

★チャレンジ！★ もの知りクイズ

Q 日本に最初に来たパンダの名前ではないものは？

① カンカン
② ランラン
③ シャンシャン

見てるだけでいやされちゃうね

10 反対がわも⑧⑨と同じようにおる

\パンダと会える日本一古い動物園は？/

恩賜上野動物園（東京都）

東京都

中国の山岳地帯の奥地などにすんでいるジャイアントパンダ。争いをさけるため、1年を通して豊富に得られる竹や笹を食べるように。130年以上続く日本初の動物園「恩賜上野動物園」で会えるよ。

写真提供：（公財）東京動物園協会

恩賜上野動物園に最初にパンダが来たのは1972年じゃ

答えはP158へ！ (11)

ふつう ★★　　使う道具 ✂はさみ

紙のまい数・サイズ

1まい

15×15cm

◀動画もあるよ！

迫力があって
かっこいい！

きょうりゅう

1 横に半分におる

うら

2 半分におる

3 ⇧からふくろを開いて
つぶすようにおる

4 うらも③と
同じようにおる

5 点線でおって
おり目をつけて
もどす

6 ⇧からふくろを
開いて
つぶすように
おる

7 うらも⑥と
同じようにおる

向きを変える

9 上の1まいを
点線でおる

8 上の1まいを
右へたたむ
（うらも同じ）

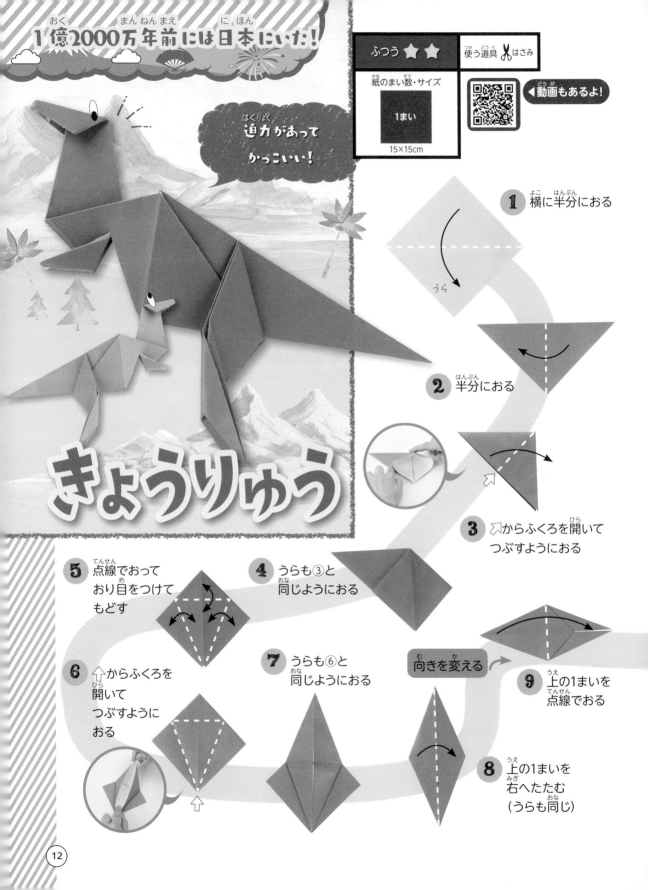

12

14 角をななめに
おる(うらも同じ)

15 —を切って前におる
(うらも同じ)

13 上の1まいを
点線でおる(うらも同じ)

16 角をしまうように
中わりおりにする

できあがり!

12 だんおりしながらかぶせおりにする

11 中わりおりにする

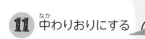

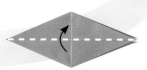

10 半分におる

\きょうりゅうがわかる博物館へ/
福井県立恐竜博物館(福井県)

福井県

福井県勝山市は日本で一番たくさんきょうりゅうの化石が発見されている場所なんだ。「福井県立恐竜博物館」では、44体もの全身骨格が見られたり、化石の発掘体験もできるよ。

★チャレンジ!★
もの知りクイズ

Q 本当にある
きょうりゅうの名前はどれ?

① フクイサウルス

② ジャパンサウルス

③ ホクリクサウルス

きょうりゅうって大きいね!

写真提供:福井県立恐竜博物館

福井県立恐竜博物館は世界三大恐竜博物館のひとつなんじゃ。あとの2つは中国とカナダにあるぞ

答えはP158へ!

花火

いろんな色を
使ってね

ふつう ★★	使う道具 ✂はさみ 🍶のり

紙のまい数・サイズ
花火1

15×15cm **5まい**
5×5cm **1まい**

花火2

15×15cm **2まい**
10×10cm **1まい**
5×5cm **1まい**

▶動画もあるよ！

花火1 花火2

花火1の つくりかた

"空"をつくろう

黒い紙を使おう！

1 たてに半分におって おり目をつけてもどす

2 横に半分におる

3 1、2の順に点線でおる

4 後ろに半分におる

5 後ろに半分におる

6 図のように 切って開く

7 "空"のできあがり

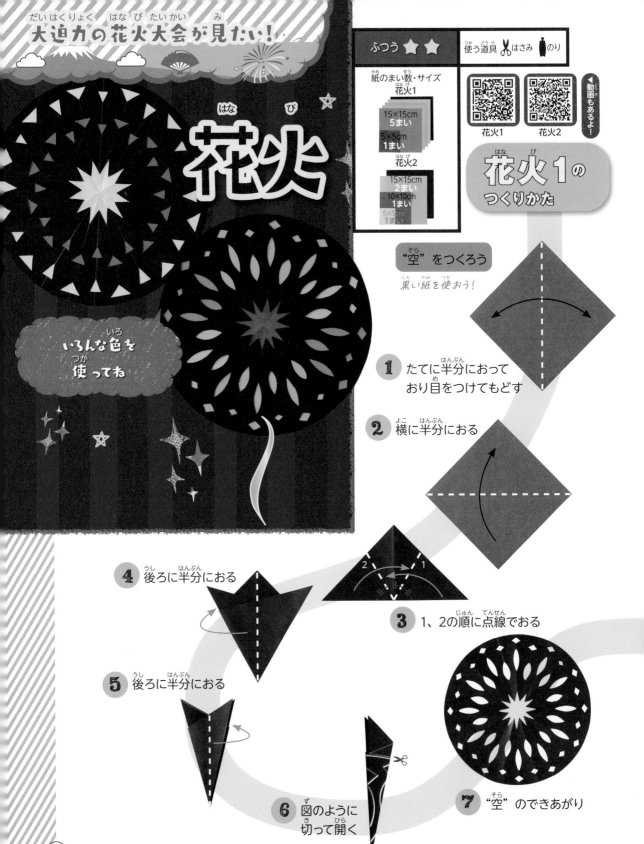

11 両辺（りょうへん）が同じ長さ（おなじながさ）になるように線（せん）のとおりに丸く切って開く（まるくきってひらく）

10 半分（はんぶん）におる

12 大きい（おおきい）4まいのうち1まいと小さい（ちいさい）1まいはそのまま

9 半分（はんぶん）におる

8 たてに半分（はんぶん）におる

13 残り（のこり）の大きい（おおきい）3まいをおり目（め）にそってはさみで切り出す（きりだす）（2まいずつ）

"花火（はなび）"をつくろう

黒以外（くろいがい）の5まいとも同じ（おなじ）ようにつくるよ！

14 残して（のこして）おいた大きい（おおきい）1まいの上（うえ）に⑮と同じ（おなじ）ように切り出した（きりだした）紙（かみ）をのりではる

次（つぎ）のページへつづく

15 中心（ちゅうしん）に小さい（ちいさい）丸い紙（まるいかみ）をはって"花火（はなび）"のできあがり

"花火（はなび）"に"空（そら）"をはってできあがり！

15

"花火"をつくろう

黒以外の3まいとも
同じようにつくるよ！

1 花火1の①～⑤と
同じようにおり
図のように切って開く

2 "空"のできあがり

3 花火1の
⑧～⑪と
同じように
つくり
次の④と
同じようにはる

"空"をつくろう

黒い紙を使おう！

花火2の つくりかた

4 "花火"のできあがり

前のページのつづき

★チャレンジ！★
もの知りクイズ

Q 花火の色って
どうやってできるの？

① 金属の粉の化学反応
② 下からカラフルな光を
　当てている
③ 蛍光絵の具を混ぜている

日本の夏といえば、
やっぱり花火よね！

こんな大きな花火はどこで
見られるの？

"花火"に"空"をはって
できあがり！

\日本一大きな花火を見るなら/

片貝まつり（新潟県）

毎年9月上旬に新潟県小千谷市で
行われる「片貝まつり」では、日
本最大の四尺玉（直径約1.2m）花
火が打ち上げられるんだ。夜空に
花開いたときの大きさは、なんと
直径約800m！

新潟県

⑯ 答えはP158へ！

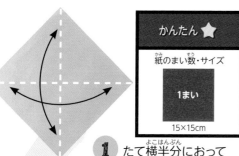

かんたん ★

紙のまい数・サイズ

1まい

15×15cm

世界最大のサメとご対面

ジンベエザメ

はんてん模様も書き込んで

1 たて横半分におって おり目をつけて もどす

2 点線でおりたたむ

3 真ん中に向かっておる

4 3かしょを 点線でおる

5 点線でだんおりにする

6 うら返す

7 角をななめにおる

目ともようを書いて できあがり！

★チャレンジ！ もの知りクイズ

Q ジンベエザメの **体の長さ**ってどのくらい？

① 人間とほぼ同じ

② 建物の3〜4階分

③ サッカー場のゴールから ゴールまで

すごくおとなしいサメなんだって。動きものんびり

世界で一番大きなお魚なんだよ。沖縄に見に行きたい！

＼ジンベエザメに会うなら／

沖縄美ら海水族館（沖縄県）

沖縄県

ジンベエザメは魚類のなかで最大の生き物。体の模様が夏着の「甚平」に似ていることから名付けられたといわれている。「沖縄美ら海水族館」では、全長約8.8mの巨大なジンベエザメが見られるよ。

©国営沖縄記念公園（海洋博公園）：沖縄美ら海水族館

答えはP158へ！ 17

ふつう ★ ★

紙のまい数・サイズ

1まい

15×15cm

お守りの代わりになるかも

大仏さま

1 たて・横・ななめに半分におっており目をつけてもどす

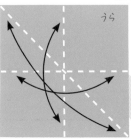

うら

2 点線でおる

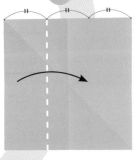

3 点線でおっており目をつけてもどす

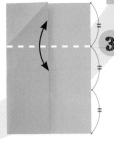

4 ⇦からすきまを開いてつぶすようにおる

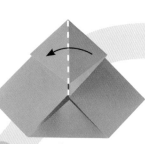

7 点線で左にたたむ

向きをかえる

6 真ん中に向かって角をおる

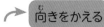

5 ⇧からふくろを開いてつぶすようにおる

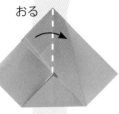

11 反対がわも⑩と同じようにおる

12 角を4かしょ後ろにおる

13 上の紙の角をおる

9 点線でおってもどしてから反対がわも⑦〜⑨と同じようにおる

10 点線で中わりおりにする

14 上の紙の角をおる

15 点線でおる

8 点線でおっており目をつけてもどす

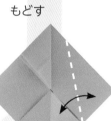

かお
顔を書いて

できあがり!

★チャレンジ!★
もの知りクイズ

Q どのくらいの大きさから大仏ってよばれるの?(立像の場合)

①高さ約2m

②高さ約5m

③高さ約10m

こんなに大きいならご利益も大きいのかな?

\日本各地に大仏さまがいるよ/

牛久大仏(茨城県)ほか

茨城県

じつは日本には「大仏」とよばれる仏像がたくさんあるんだ。有名なのは東大寺にある奈良の大仏や、神奈川県の鎌倉大仏など。茨城県の牛久大仏は高さなんと120mで日本一巨大な大仏さまだよ。

牛久大仏はギネスブックで世界一にも輝いているんじゃ

答えはP158へ!

紙のまい数・サイズ	
ロケット	ロケット台
1まい	1まい
15×15cm	15×15cm

ふつう ★★

自分だけの
ロケットをつくろう

ロケット

ロケットをつくろう

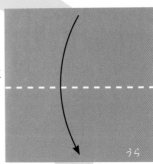

1 横に半分におる

2 たてに半分におる

3 ⇨からふくろを開いて
つぶすようにおる

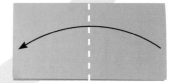

4 うらも③と同じようにおる

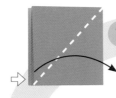

6 上の1まいを左へたたむ

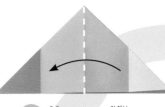

5 真ん中に向かっておって
おり目をつけてもどす

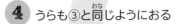

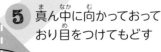

20

9 右へたたむ

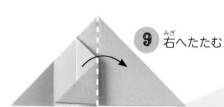

10 上の1まいを右へたたみ ⑦⑧と同じようにおって 左にたたむ

11 うらも⑤～⑩と 同じようにおる

8 真ん中でおり返す

12 広げて立てる

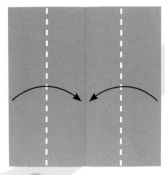

7 真ん中のおり目と ⑤のおり目が 重なるようにおる

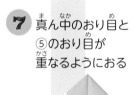

13 ロケットの できあがり

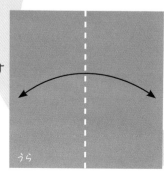

ロケット台をつくろう

1 たてに半分におって おり目をつけてもどす

うら

2 真ん中のおり目に 合わせておる

次のページへつづく

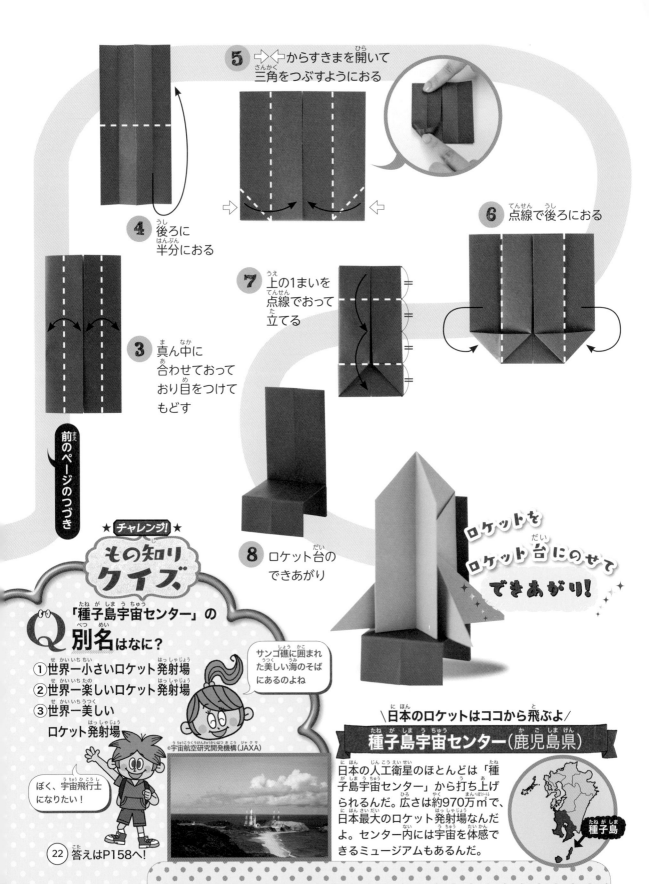

5 ⇨◁ からすきまを開いて
三角をつぶすようにおる

4 後ろに
半分におる

6 点線で後ろにおる

7 上の1まいを
点線でおって
立てる

3 真ん中に
合わせておって
おり目をつけて
もどす

前のページのつづき

★チャレンジ！★
もの知りクイズ

8 ロケット台の
できあがり

ロケットを
ロケット台にのせて
できあがり！

Q 「種子島宇宙センター」の
別名はなに？

①世界一小さいロケット発射場
②世界一楽しいロケット発射場
③世界一美しい
　ロケット発射場

サンゴ礁に囲まれ
た美しい海のそば
にあるのよね

©宇宙航空研究開発機構（JAXA）

ぼく、宇宙飛行士
になりたい！

㉒ 答えはP158へ！

＼日本のロケットはココから飛ぶよ／
種子島宇宙センター（鹿児島県）

日本の人工衛星のほとんどは「種子島宇宙センター」から打ち上げられるんだ。広さは約970万㎡で、日本最大のロケット発射場なんだよ。センター内には宇宙を体感できるミュージアムもあるんだ。

種子島

おいしいものがいっぱい！

日本各地の
食べもの
くだもの

日本にはおいしいものがいっぱい。
でも、どこでとれるの？食べられるの？
おりがみでおって、
名産地もいっしょに覚えちゃおう！

おすし

回転ずしごっこを
楽しもう！

ふつう ★ ★	使う道具 ✂はさみ 🍶のり ⊙テープ

◀動画もあるよ！

※P27ぐんかんまきは
ありません

2 たてに半分におる

1 横に半分におる

おもて

しゃりの つくりかた

紙のまい数・サイズ

1まい

15×15cm

3 ⇨からふくろを開いて
つぶすようにおる

4 うらも③と
同じようにおる

6 点線でまくように
おる

5 上の1まいを
真ん中に向かっておる
（うらも同じ）

7 角を点線でおる

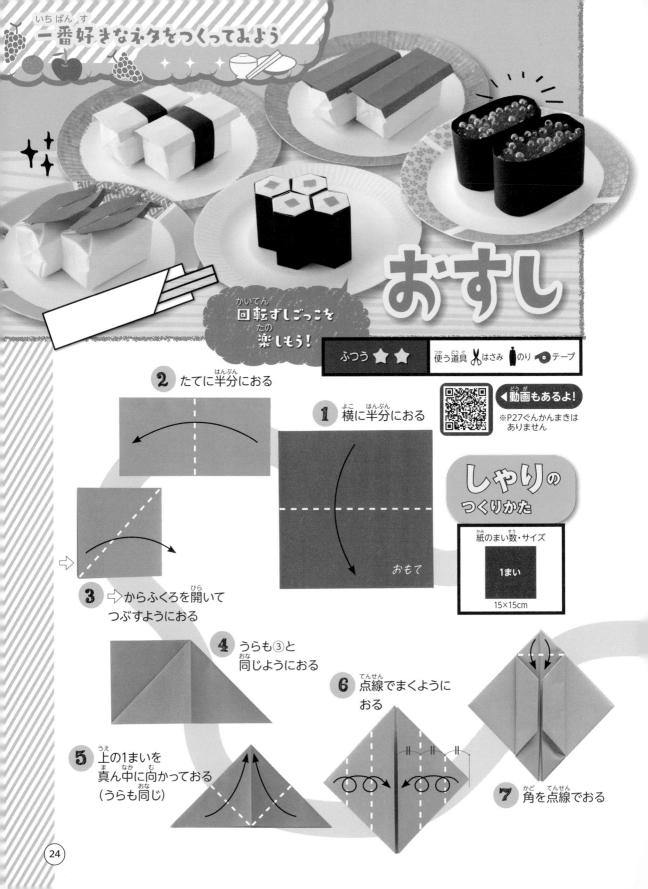

11 ⬆︎から空気を入れて
ふくらまし
点線でかたちを
ととのえる

しゃりの
できあがり！

10 点線でおって
おり目をつけて
もどす

9 うらも⑥〜⑧と
同じようにおる

8 点線でおって
ふくろに
さしこむ

1 たて横半分におって
おり目をつけてもどす

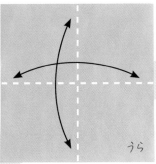

うら

たまごのつくりかた

紙のまい数・サイズ	
たまご	のり
1まい	**1まい**
7.5×7.5cm	13×1.5cm

2 上 下のふちを点線でおる

3 両はしを
真ん中のおり目に
合わせておる

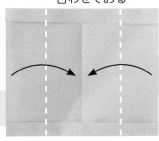

4 両はしを少しおって
うら返す

次のページへつづく

8 "のり"をまいて
のりづけする

赤でつくればマグロ、
オレンジでつくれば
サーモンになるよ！

たまごのにぎりずしの
できあがり！

7 "しゃり"に
"たまご"をかぶせる

えびの
つくりかた

13cm

1.5cm

6 "のり"の紙を用意する

1 P12「恐竜」の
①～⑦までおり、
角を中わりおりにして
左右に出す

紙のまい数・サイズ
1まい
7.5×7.5cm

5 "たまご"の
できあがり

2 後ろの紙を
おり下げる

前のページのつづき

5 "えび"のできあがり

4 角を内がわにおる
（うらも同じ）

3 角を後ろにおる

向きをかえる

ぐんかんまきの つくりかた

紙のまい数・サイズ	
のり	ネタ
1まい	1まい
15×15cm	7.5×7.5cm

1 "のり"の紙をはさみで半分と4分の1に切ってつなげてテープではる

うら

2 横に半分におる

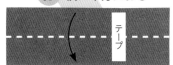

テープ

3 "のり"のできあがり

えびのにぎりずしの できあがり!

4 "しゃり"に"のり"をまきつけまき終わりを反対がわのすきまにさしこむ

6 "しゃり"の真ん中のすきまに"えび"をさしこむ

5 "ネタ"の紙をくしゃくしゃにしてのせる

オレンジならウニ、赤ならネギトロに。赤いビーズがあればイクラになるよ!

次のページへつづく

できあがり!

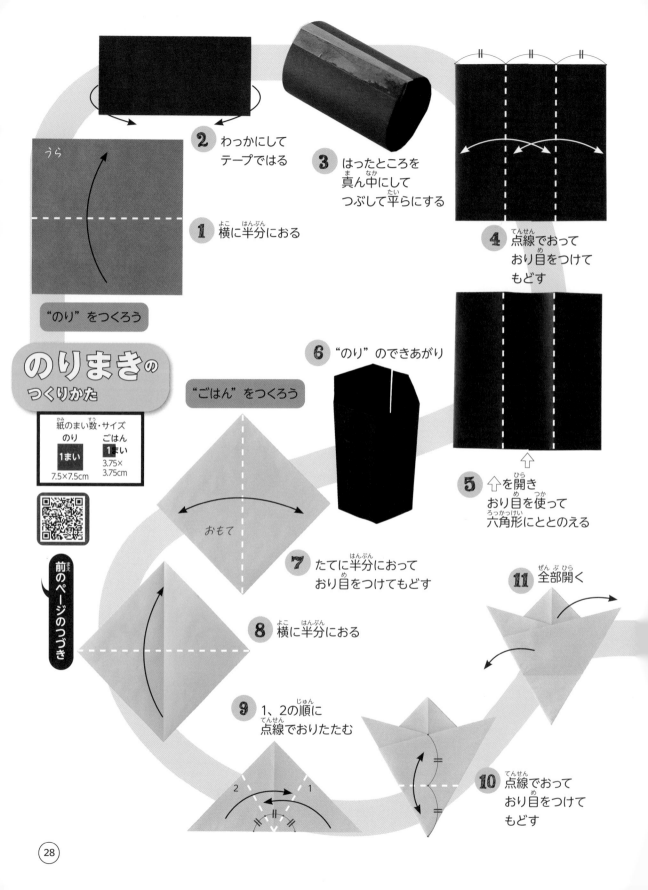

2 わっかにして
テープではる

3 はったところを
真ん中にして
つぶして平らにする

うら

1 横に半分におる

4 点線でおって
おり目をつけて
もどす

"のり"をつくろう

のりまきの
つくりかた

6 "のり"のできあがり

"ごはん"をつくろう

紙のまい数・サイズ
のり　　ごはん
1まい　　1まい
7.5×7.5cm　　3.75×3.75cm

5 ⇧を開き
おり目を使って
六角形にととのえる

おもて

7 たてに半分におって
おり目をつけてもどす

前のページのつづき

11 全部開く

8 横に半分におる

9 1、2の順に
点線でおりたたむ

2　1

10 点線でおって
おり目をつけて
もどす

14 うら返す

16 "ごはん"の
できあがり

13 1〜4の順に
六角形のおり目にそって
点線でおる

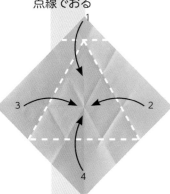

15 六角形になるように
おり目にそって
角を後ろにおる

組み立てよう

17 "ごはん"の三角の部分に
それぞれのりをつけ
"のり"のかたちに
合わせてさしこむ

12 六角形のおり目にそって
点線でおって
おり目をつけてもどす

赤ならてっかまき、
緑ならかっぱまきになるよ!

18 小さく切った紙を
のりではる

できあがり!

★チャレンジ!★
もの知りクイズ

おすしのネタでも大人気の
Q マグロはどれ
かな?

マグロの泳ぐスピード
はスゴく速いんだ。速
そうなのはどれかな

①

②

③

江戸前ずしの
「江戸」は、東京
のことよ

\おいしいおすしを食べるなら/
江戸前ずし(東京都)

東京都

日本食の代名詞・おすし。日本全
国いたるところにお店はあるけれ
ど、特においしいのは漁港や魚市
場の近く。東京都なら「築地」や
「豊洲」のそばに江戸前ずしの人
気店が集まっているよ。

答えはP158へ! (29)

りっぱなハサミが自慢です

かに

かんたん ★
紙のまい数・サイズ
1まい
15×15cm

1 たてに半分におっており目をつけてもどす

2 横に半分におる

3 点線でおる 2cm

4 角が出るように後ろにおる

5 点線でおり上げる

6 角を上のふちに合わせておる

7 うら返す

できあがり!

★チャレンジ!★
もの知りクイズ

Q ズワイガニのあだ名はどれかな?

①日本海の王様
②グルメの王様
③冬の味覚の王様

福井県のことを「越前」っていうんだね♪

わたし、かにをむくの得意よ!

\かにを食べるなら/
越前がに(福井県)

福井県沿岸でとれたズワイガニのオスを「越前がに」とよぶんだ。かに味噌がおいしいことでも有名。越前町・福井市・坂井市などにかに料理店が集まっていて、旬は11月上旬〜3月下旬だよ。

福井県

かに／ごはん

おいしいお米を名産地で食べたい

お茶碗にてんこ盛り♪

ごはん

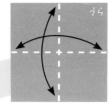

うら

1 たて横半分におって
おり目をつけてもどす

2 真ん中に合わせておって
おり目をつけてもどす

3 ②のおり目が
真ん中に
重なるようにおる

4 うら返す

5 ③でおったうらがわの
ふちに重なるように
角をおる

6 角をおって
内がわにしまう

7 うら返す

もようを書いて

できあがり!

★チャレンジ!★

もの知りクイズ

Q お米の
イネはどれかな?

イネは実ると
「頭を垂れる」
らしいわ

新米の時期は9〜
10月じゃぞ

①

③

②

\おいしいお米といえば/

コシヒカリ（新潟県）

お米にはいろいろな種類があるん
だよ。特に人気なのが「コシヒカ
リ」で、ふっくらとして甘みが強
いんだ。名産地の新潟県魚沼市な
どに行くと、炊き方にもこだわっ
たコシヒカリが味わえるよ。

新潟県

答えはP158へ!

今や、世界中で大ブーム！

ラーメン

1 たてに半分におって
おり目をつけてもどす

おもて

2 点線で後ろに
だんおりにする

3 ふちに合わせておる

4 ふちに合わせておる

5 角を3かしょ
後ろにおる

もようを書いて
できあがり！

★チャレンジ！★

もの知りクイズ

Q 「ラーメン」という
名前が広まった
きっかけは？

① インスタント麺の登場
② 江戸時代に将軍さまが命名したから
③ ラーメンをテーマにした小説が大ブームに

ワシは断然、味噌が好き！

海外でも日本のラーメンは大人気なんだよ

\おすすめのラーメン/

札幌ラーメン（北海道）ほか

醤油味や味噌味、豚骨味など、土地ごとに独自の進化をとげたラーメンのことを「ご当地ラーメン」っていうんだ。北海道の札幌ラーメンなどが有名。ほかに福岡県の博多ラーメンなどもあるよ。

北海道

本場の味が楽しめる ギョウザの聖地へ

焼き色も しっかり再現！ **ギョウザ**

紙のまい数・サイズ

1まい

15×15cm

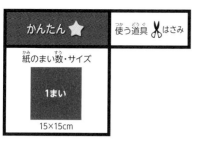

1 紙を4分の1に切る

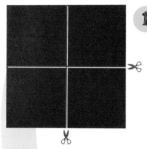

2 切った1まいをまくようにおる

3 角をふちに合わせておる

4 うら返す

5 1つできあがり（同じものを4つつくる）

焼き色を書き4つ並べてできあがり！

★チャレンジ！★ もの知りクイズ

Q 宇都宮市ならではのギョウザの食べ方は？

① ソースで食べる
② ラー油だけで食べる
③ 酢だけで食べる

ワシは酢を多めに入れるのが好きじゃ！

聖地ならではの食べ方があるんだね〜

\人気のご当地ギョウザといえば/

宇都宮ギョウザ（栃木県）

栃木県

栃木県宇都宮市は野菜たっぷりの「宇都宮ギョウザ」が有名。市民もみんな大好きで、何度も「日本で一番ギョウザを買う町」に輝いているんだ。市内のギョウザ店は70店以上もあるよ！

答えはP158へ！ (33)

紙のまい数・サイズ		
実（み）	じく	
1/2 まい	1まい	
15×15cm	8×1cm	

ふつう ★★　　使う道具（つかうどうぐ）✂はさみ 🍶のり

▶動画（どうが）もあるよ！

2つ並（なら）んだ姿（すがた）が
かわいい♪

さくらんぼ

"実（み）"をつくろう

1 紙（かみ）を半分（はんぶん）に切（き）る

2 たてに半分（はんぶん）におって
おり目（め）をつけてもどす

3 横（よこ）に半分（はんぶん）におる

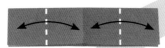

4 両（りょう）はしを真（ま）ん中（なか）に
合（あ）わせておって
おり目（め）をつけてもどす

5 点線（てんせん）でおる

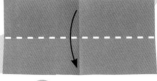

6 まん中（なか）のおり目（め）に
合（あ）わせて
点線（てんせん）でおり返（かえ）す

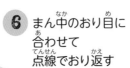

7 左（ひだり）も⑤⑥と
同（おな）じようにおる

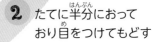

8 うら返（がえ）す

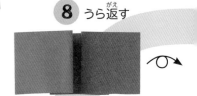

11 うら返す

12 "実"のできあがり

10 角を4かしょおる

"じく"を つくろう

13 上を1cmくらい
残してはさみで切る

1cm

8cm

9 ⇨⇦⇨⇦ から開いて
中のふくろを
つぶすようにおる

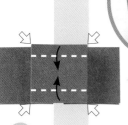

だんおりに
したところ

14 切ったところを
上でだんおりにして
左右に広げる

"実"に"じく"をはって
できあがり!

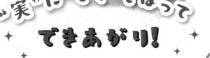

★**チャレンジ!**★
もの知り クイズ

Q さくらんぼの
あだ名はどれかな?

① 赤い恋人
② 双子の恋人
③ 小さな恋人

ワシはさくらんぼのパフェ
が食べたいぞ

\さくらんぼ狩りをするなら/
寒河江市(山形県)

山形県

山形県は、さくらんぼ生産量がダントツ日本一。日本全体の約75%のさくらんぼは、山形県で栽培されているんだ。寒河江市などでは、6月上旬〜7月中旬にさくらんぼ狩りが楽しめるよ。

山形県のブランド
さくらんぼといえ
ば佐藤錦よね♪

答えはP158へ! ㉟

メロン

甘くてジューシーな夏の定番フルーツ

かんたん ★

紙のまい数・サイズ

1まい

15×15cm

もようもじょうずに
書けるかな？

1 たてに半分におって
おり目をつけて
もどす

うら

2 1、2の順に
重なるように
点線でおる

3 角をおる

4 三角が
出るように
角を
おり上げる

5 角をおる

6 角をおる

7 角をななめにおる

8 うら返す

もようを書いて
できあがり！

赤い紙なら
点線で後ろに
おればリンゴになるよ！

★ チャレンジ！ ★
**その知り
クイズ**

Q **「アンデスメロン」の
名前の由来はどれかな？**
①南米大陸のアンデス山脈が名産地
②「安心ですメロン」を略した
③アンデスという人がはじめて栽培した

茨城県には「イバラキング」
っていうメロンもあるよ

メロンは、少し日を
おいてから食べた
方がおいしいんじゃ

36 答えはP158へ！

＼メロンの名産地へ／
鉾田市（茨城県）

茨城県は、20年以上連続でメロ
ンの出荷量が日本一なんだ。なか
でも太平洋沿いに広がる鉾田市は、
県内一のメロン産地。5月上旬〜
9月上旬に農園を直接訪れると、
大玉メロンが格安で買えるよ。

茨城県

かんたん ★

紙のまい数・サイズ

1まい

15×15cm

1 横に半分におる

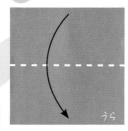

2 上の1まいの角を点線でおる（うらも同じ）

3 点線でおる（てんせん）（うらも同じ）

4 角を内がわにおる（うらも同じ）

5 開く

6 角をおる

7 真ん中でおる

たねを書いてできあがり！

ワンランク上のスイカを食べに行こう

すいか

部屋に飾れば夏気分♪

★チャレンジ！★
もの知りクイズ

Q 実際にあるのはどのスイカ？

①夜に光るスイカ
②虹色のスイカ
③ピラミッド型のスイカ

昼と夜の温度差が大きいほうが甘いスイカができるのよ

変わったスイカもあるんだねぇ

＼ブランドスイカを食べるなら／
植木スイカ（熊本県）

熊本県植木町はスイカ栽培のプロが集まる町なんだ。ここでつくられる「植木スイカ」はスイカのトップブランド。3月中旬〜12月下旬に「道の駅 すいかの里 植木」などで買えるよ。

熊本県

答えはP158へ！ 37

かんたん ★

紙のまい数・サイズ

1まい

15×15cm

思わず
かぶりつきたくなる

とうもろこし

1 たてに半分におって
おり目をつけてもどす

2 真ん中の
おり目に
合わせておる

3 三角が
出るように
点線でおる

4 ふちに
合わせて
おる

5 両はしを
少しななめに
点線で
後ろにおる

6 角を後ろに
おる

7 角を後ろに
おる

もようを書いて
できあがり！

★ チャレンジ！ ★
**もの知り
クイズ**

Q とうもろこしの
ひげの数はどのくらいあるの？

① 約60本
② 約600本
③ 約6000本

ヒゲが多いほうがおいし
いとうもろこしなんだよ

ひげの数は、
なにかと同じ数
なんじゃよ

答えはP158へ！

\とうもろこしの名産地へ/
富良野市（北海道）ほか

北海道は日本一のとうもろこしの
産地。明治時代から本格的に栽培
がスタートしたんだ。8月上旬～
9月中旬に富良野市や美瑛町の農
園を訪れると、直売所などで焼き
とうもろこしが味わえるよ。

北海道

とうもろこし／もも

名産地のもぎたて果実を

おみやげに

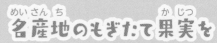
◀動画もあるよ！

紙のまい数・サイズ

1まい

15×15cm

1 たてに半分におって
おり目をつけてもどす

2 横に半分におる

3 上の1まいを
ふちに合わせておる

4 上の1まいをふちに
合わせておる

5 点線で
後ろにおる

6 点線でおって
おり目を
つけてもどす

7 ⌣⌣からすきまを開いて
⑥のおり目で
つぶすようにおる

8 角をしまうように
中わりおりにする

ピンク色が
キュート

もも

できあがり！

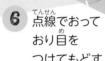
10 うら返す

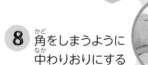
9 角をおる

★チャレンジ！★
もの知りクイズ

Q 桃は
どの植物の仲間
かな？

① バラ
② ウリ
③ みかん

カットしてから皮をむくと
キレイにむけるんだよね

桃の木の下のシートは、太陽の光を反射で下からも当てて甘くするためなのよ

\もも狩りを楽しむなら/
フルーツライン（福島県）

福島県

福島県や山梨県での栽培が多いもも。食べに行くなら福島県福島市にのびる観光道路「フルーツライン」がおすすめだよ。道沿いにもも農園がたくさん並んでいて、7〜8月にはもも狩りが楽しめるんだ。

答えはP158へ！ 39

紙のまい数・サイズ	
実	くき
3まい	1まい
15×15cm	15×7.5cm

ふつう ★★　　使う道具　のり

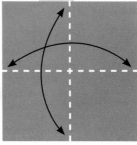

"実"を つくろう

丸い果実が たくさん♪

ぶどう

1 たて横半分におって おり目をつけて もどす

2 真ん中の おり目に 合わせておる

3 真ん中に合わせておって おり目をつけてもどす

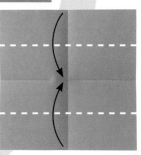

7 残りの3かしょも 同じようにおる

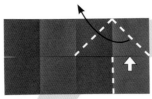

4 ↑からすきまを開いて つぶすようにおる

5 残りの3かしょも 同じようにおる

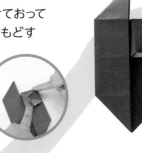

6 先をつまんでおこし ⇨からふくろ開いて つぶすようにおる

ぶどう

1 たてに半分におって
おり目をつけてもどす

15cm

うら

7.5cm

2 真ん中の
おり目に
合わせておる

3 点線で後ろに
だんおりにする

4cm

4 ⇨◁◁▷▷⇦から開いて
三角をつぶしながら
たたむようにおる

5 のりをつけ
ふちに合わせておる

のり

"くき"を つくろう

9 "実"のできあがり
（同じものを3つつくる）

7 "くき"の
できあがり

6 うら返す

8 すべての角を
後ろにおりこむ
（残りの3かしょも同じ）

"くき"に"実"をはって
できあがり！

★ チャレンジ！ ★
もの知りクイズ

Q ぶどうの
葉っぱはどれ
かな？

①

②

③

山梨県て
ワインも
有名なのよね

水はけや日当たり
のよさが、甘いぶ
どうを育むんじゃ

\ 昔から食べられていたくだもの /
甲州ぶどう（山梨県）

山梨県

ぶどうの名産地・山梨県は、鎌倉
時代（奈良時代の説もあり）から甲
州ぶどうが栽培されていた地。甲
州市勝沼地区には、ぶどう狩りが
できる農園や、ワイナリーがたく
さん。旬は8〜10月だよ。

答えはP158へ！ (41)

みかん

冬のかざりにも
おすすめ

1 たて横半分におって
おり目をつけてもどす

うら

2 角を真ん中より
少し下までおる

3 三角が出るようにおる

4 角と角が
重なるように
点線でおる

5 角を4かしょおる

6 うら返す

もようを書いて
できあがり!

★チャレンジ!★
もの知り
クイズ

Q おいしいみかんの
目印はどれかな?

① サイズが大きい
② かたちがまんまる
③ 皮の色が濃い

見た目だけでおいしい
みかんがわかるの??

冬にあたたかい
部屋のなかで
食べたいな〜

42 答えはP158へ!

\絶景も楽しめるみかんの名産地/
有田みかん海道（和歌山県）

和歌山県有田市は、約450年も前
にみかん栽培がはじまった“みか
んの里”。旬は10〜2月。市内に
のびる「有田みかん海道」では、
階段状に広がるみかん畑と海のな
がめを楽しむことができるよ。

和歌山県

すごいな！
日本の
ものづくり

日本でつくられた製品は、世界でも認められているほど品質が高いんだ。長く使えるものばかりだよ。

うで時計

つくったら
腕に巻いてみて！

◀動画もあるよ！

むずかしい ★★★	使う道具 ● テープ

紙のまい数・サイズ

1まい

15×15cm

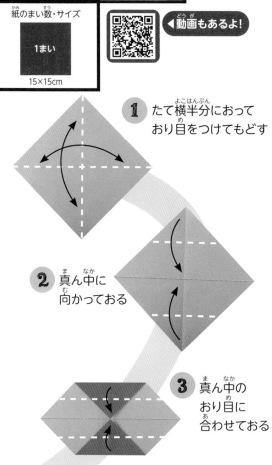

1 たて横半分におって
おり目をつけてもどす

2 真ん中に
向かっておる

3 真ん中の
おり目に
合わせておる

4 半分におる

5 真ん中に合わせて
角をおって
おり目をつけて
もどす

6 ⌐から点線でおり開き
三角をつぶすようにおる

7 下の1まいを
上へたたむ

8 真ん中に合わせて
角をおって
おり目をつけて
もどす

9 ⌐から点線でおり開き
三角をつぶすようにおる

15 真ん中に指を入れて広げる

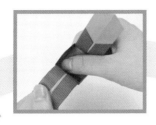

16 かたちを四角くととのえる

14 ひらく

13 点線でおる

17 点線でおり上げる（反対がわも同じ）

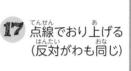

12 おっており目をつけてもどす

18 わっかにする

11 上の紙を真ん中に合わせておる（うらも同じ）

19 うらをテープでとめる

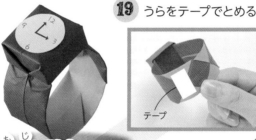

文字ばんをはって

できあがり！

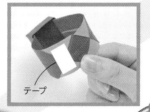

テープ

10 上の1まいを下へたたむ

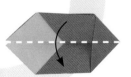

★チャレンジ！★
もの知りクイズ

Q 諏訪湖周辺は昔はなんてよばれていたの？

① 東洋のスイス
② 東洋のヴェネツィア
③ 東洋のガラパゴス

水がキレイな土地が時計づくりに適しているんだ

諏訪湖の周辺は世界でも有名な時計の名産地だったんじゃ

＼うで時計づくりにチャレンジ／

下諏訪町（長野県）ほか

長野県

精密な機械をつくることが盛んだった長野県諏訪地方。昭和時代から有名時計メーカーがあり、精密工業の町として発展してきたんだ。今でもうで時計の組み立て体験などができる工房が残っているよ。

答えはP158へ！

めがね

似合うめがねがつくれるかな？

ふつう ★★	使う道具 ✂はさみ ●のり

紙のまい数・サイズ

メガネ	レンズ ✂
1まい	2まい
15×15cm	白い紙 2×2cm

1 たてに半分におっており目をつけてもどす

2 横に半分におる

3 上の1まいを点線でおる
1cm 1.5cm

4 上から点線でまくように5回おる

5 三角を少し残して後ろにおる

6 両はしを後ろにおる

7 点線で後ろにおる

レンズをはってできあがり！

★チャレンジ！★ もの知りクイズ

Q 福井県鯖江市のめがねが**世界で有名**になったきっかけは？
①世界で初めてサングラスをつくった
②町のかたちがめがねに似ていた
③世界初のチタン製めがねフレームを製品化した

チタンは軽くてじょうぶな金属なんだ

日本製のめがねフレームのほとんどは、福井県でつくられているんだって

\めがねづくりを楽しむなら/

めがねミュージアム（福井県）

福井県鯖江市は、めがねフレームづくりが盛んな町として世界でも有名。明治時代に、農家の人たちの農閑期の副業としてめがね製造が広まったんだって。市内にある「めがねミュージアム」でめがねづくりにチャレンジしてみて。

福井県

 答えはP158へ！

国産デニムの一大産地をチェック

ジーパン

めがね／ジーパン

おしゃれを楽しもう♪

かんたん ★

紙のまい数・サイズ

1まい

15×15cm

1 たてに半分におっており目をつけてもどす

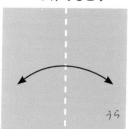

うら

2 真ん中に合わせておっており目をつけてもどす

3 両はしをななめにおり真ん中に合わせてたたむ

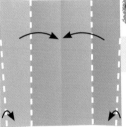

4 上から点線でまくように2回おる

ポケットを書いてできあがり！

★ チャレンジ！ ★

もの知りクイズ

Q もともとジーパンはなんのためにつくられたの？

メイドインジャパンっていいよね

① 演劇のための衣装
② 鉱山で働く人たちの作業着
③ 消防隊員たちの制服

©岡山県観光連盟

\国産デニムを買うならココ/

倉敷デニムストリート（岡山県）

岡山県

ジーパンに使われるデニム生地は、日本でもつくられているんだ。なかでも有名なのが、岡山県倉敷市の児島地区。「倉敷デニムストリート」には、国産のデニム製品をあつかうショップがズラリ！

日本製のジーパンは評判が高いんじゃ

答えはP158へ！ 47

ふつう ★ ★	使う道具 ✄ はさみ

紙のまい数・サイズ

1/2 まい

15×15cm

スプーンと
フォーク

ごっこ遊びが
盛り上がる♪

スプーンの つくりかた

1 紙を4分の1に切る

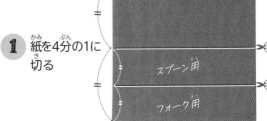

うら

スプーン用

フォーク用

2 半分におって
おり目をつけてもどす

3 真ん中に合わせておって
おり目をつけてもどす

4 点線で後ろにおる

5 後ろの紙を点線で
おりかえす

フォークのつくりかた

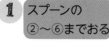

1 スプーンの②〜⑥までおる

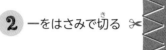

2 ―をはさみで切る ✂

8 うら返す

できあがり！

3 うら返す

7 角をおる

できあがり！

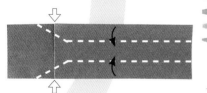

6 ↑↓からすきまを開いて三角をつぶすように点線でおりたたむ

★チャレンジ！★ もの知りクイズ

Q 燕三条エリアで**手がけたことのある商品**はどれかな？

① アップルのiPod
② 宇宙船ソユーズ
③ サッカーワールドカップのトロフィー

燕三条エリアはもともとクギをつくっていた町なんだよ

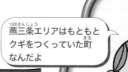

燕三条のカレー用スプーンって食べやすいんだよ

\日本製の洋食器といえば/

道の駅 燕三条地場産センター（新潟県）

新潟県

新潟県の燕市と三条市は、世界に知られる「ものづくりの町」。「道の駅 燕三条地場産センター」に行くと、職人さんが仕上げたスプーンやフォークなどが並んでいて、買い物が楽しめるよ。

答えはP158へ！

ふつう ★★

紙のまい数・サイズ

1まい

15×15cm

▶動画もあるよ!

おままごとに使ってみてね

ほうちょう

1 たて横半分におっており目をつけてもどす

2 両はしを真ん中に合わせておる

3 上の1まいをふちに合わせておる

4 後ろに半分におる

5 上の紙を点線でおり下げる

6 ←からすきまを開き三角をつぶしながら真ん中に合わせておりたたむ

7 反対がわも⑥と同じようにおる

8 半分におる

9 角を内がわにおる(うらも同じ)

もようをかいてできあがり!

★ チャレンジ! ★
もの知りクイズ

Q 「刃物の日」はいつかな?

①2月8日
②8月8日
③11月8日

刃物の歴史は昔の刀づくりにさかのぼるんだね

語呂合わせかなぁ?

\800年の歴史をもつ「刃物の町」はどこ?/
関刃物センター(岐阜県)

国内で包丁などの刃物をたくさんつくっているのが岐阜県関市。ここは昔、日本刀の一大産地だったんだ。「関刃物センター」へ行けば、切れ味バツグンの包丁やハサミなどが買えるよ。

岐阜県

その土地（とち）の顔（かお）だよ！

ご当地（とうち）ゆかりの

動物（どうぶつ）・名物（めいぶつ）

ご当地（とうち）で出会（であ）える動物（どうぶつ）や、
土地（とち）の'顔（かお）'にもなっている名物（めいぶつ）を集（あつ）めたよ！
どこの土地（とち）と関（かか）わりが深（ふか）いのか
知（し）っておこう。

ふつう ★ ★

◀動画もあるよ!

紙のまい数・サイズ

1まい

15×15cm

秋田犬

いいつけを
よく守る子です

1 たて横半分におって
おり目をつけてもどす

2 角を点線でおる

4.5cm

3 角を上の
ふちに合わせて
後ろにおる

後ろから
見たところ

4 点線で前に
だんおりにする

6 うら返す

5 両はしを
点線で後ろにおる

5cm 5cm

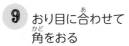
秋田犬（あきたいぬ）

9 おり目（め）に合わせて角（かど）をおる

10 ふちに合（あ）わせておる

11 角（かど）をおる

8 ふちに合（あ）わせておって おり目（め）をつけてもどす

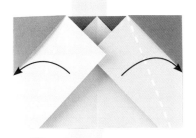

顔（かお）を書（か）いて できあがり！

12 うら返（がえ）す

7 ふちに合（あ）わせておる

★チャレンジ！★ もの知（し）りクイズ

Q どれが秋田犬（あきたいぬ）かな？

秋田犬（あきたいぬ）って、最近（さいきん）は海外（かいがい）でも人気（にんき）なんだよね

忠犬（ちゅうけん）ハチ公（こう）って秋田犬（あきたいぬ）だったのね

①

②

③

＼日本唯一（にほんゆいいつ）の秋田犬専門博物館（あきたいぬせんもんはくぶつかん）へ／
秋田犬会館（あきたいぬかいかん）（秋田県（あきたけん）)

秋田県（あきたけん）

渋谷駅前（しぶやえきまえ）の銅像（どうぞう）で知（し）られる「忠犬（ちゅうけん）ハチ公（こう）」のように、ご主人様（しゅじんさま）のいいつけをよく守（まも）るのが秋田犬（あきたいぬ）の特徴（とくちょう）。クマなどを狩（か）るマタギ犬（いぬ）が祖先（そせん）の犬（いぬ）なんだ。秋田県大館市（あきたけんおおだてし）の「秋田犬会館（あきたいぬかいかん）」などで会（あ）えるよ。

答えはP158へ！ 53

りっぱなツノが
かっこいい！

シカ

ふつう ★ ★	使う道具 ✂はさみ

紙のまい数・サイズ

1まい

15×15cm

2 真ん中のおり目に
合わせておる

1 たてに半分におって
おり目をつけて
もどす

3 半分におる

5 ⇨からすきまを開いて
④のおり目で
かぶせおりにする

4 点線でおって
おり目をつけて
もどす

6 角をしまうように
中わりおりにする

鹿（しか）

8 角（かど）を後（うし）ろにおる

10 点線（てんせん）で後（うし）ろにおり上（あ）げる

向（む）きを変（か）える

9 点線（てんせん）で後（うし）ろにおる

7 ─をはさみで切（き）る

こちらがわは
ふくろを
開（ひら）くように切（き）る

11 角（かど）を1まいずつ開（ひら）くようにととのえる

12 手前（てまえ）の1まいはすぐ内（うち）がわにおる

顔（かお）を書（か）いて

できあがり！

★ チャレンジ！ ★
もの知（し）りクイズ

Q 奈良（なら）のシカはシカせんべい以外（いがい）におもになにを**食（た）べている**の？

① くだもの
② 自分（じぶん）たちのフン
③ 芝生（しばふ）

ツノが生（は）えているのがオスなのよね

奈良公園（ならこうえん）のシカはとても人（ひと）なつっこいけど、シカせんべい以外（いがい）のものはあげないでね

\ シカせんべいをあげるなら /

奈良公園（ならこうえん）（奈良県（ならけん））

奈良県（ならけん）

「奈良公園（ならこうえん）」には野生（やせい）のシカがたくさんいるよ。園内（えんない）に立（た）つ春日大社（かすがたいしゃ）が「シカ＝神様（かみさま）の使（つか）い」として守（まも）り続（つづ）けたことで、集（あつ）まるようになったんだ。売店（ばいてん）でシカせんべいを買（か）って、エサやりを体験（たいけん）してみて。

写真提供（しゃしんていきょう）：一般財団法人奈良県（いっぱんざいだんほうじんならけん）ビジターズビューロー

答（こた）えはP158へ！

ウミガメ

大きな甲羅が
シンボル

ふつう ⭐⭐	使う道具 ✂はさみ

紙のまい数・サイズ

1まい

15×15cm

◀動画もあるよ！

2
角を手前で
だんおりにする

2.この線でおり返す
1.この線で前におる

1 P12「恐竜」の
①〜⑥までおり、
━をはさみで切って
左右に開くようにおる

3 角をしまうように
中わりおりにする

4 三角が出るように
上の紙を
左右におる

6 角を3かしょおる

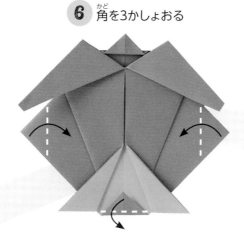

7 うら返す

5 角をおる

こうらのもようを書いて
できあがり!

★ チャレンジ! ★
もの知りクイズ

Q 卵を産むときにウミガメが
涙を流すのはなぜ?

① 痛すぎるから
② 感動が止まらないから
③ 体内の塩分を外に出しているから

別に泣いているワケじゃないのかしら?

ウミガメはきれいな砂浜にしか来ないんだよね

\ウミガメを深く知るなら/

日和佐うみがめ博物館カレッタ(徳島県)

徳島県の大浜海岸は、ウミガメが毎年卵を産みにくるめずらしい砂浜なんだ。すぐ近くに立つ「日和佐うみがめ博物館カレッタ」では、いろいろなウミガメを見たり、おやつをあげたりできるよ。

徳島県

答えはP158へ!

ふつう ★ ★	使う道具 ✂はさみ 🍶のり

紙のまい数・サイズ

たぬき	ひょうたん
1まい	✂ 1まい
15×15cm	3×3cm

緑起ものとしても 有名だよ！

信楽たぬき

1 たてに半分におって おり目をつけてもどす

2 角を点線でおる

5cm

3 真ん中に合わせて 後ろにおって おり目をつけて もどす

4 角をおる

5 角を少し 後ろにおる

6 点線で内がわに おる

7 上のふちにつくように 角をおり上げる

8 うら返す

信楽たぬき

11 三角が出るようにおる

黄色い紙の下もおる

12 うら返す

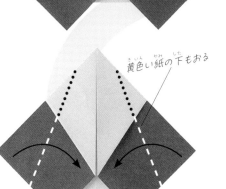

黄色い紙の下もおる

14 ひょうたんの
かたちに
切った紙を
はってから
角をおる

13 角を少し
後ろにおる

10 点線でおる

顔ともようを書いて
できあがり!

9 真ん中の
おり目に
合わせておる

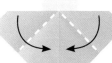

ぽんぽこおなかがかわいい

★ チャレンジ! ★
もの知りクイズ

Q 信楽焼のたぬきが
有名になった**きっかけ**は?

①たぬきの行列が当時の天皇陛下を
お出迎えしたから

②アニメになったから

③有名歌手が信楽焼たぬき
のファンだと告白したから

答えはP158へ!

\信楽たぬきを買うなら/
信楽町(滋賀県)

滋賀県

日本の有名な焼き物のひとつ、信
楽焼がつくられる滋賀県甲賀市信
楽町。陶器店や工房が集まってい
て、どのお店にもたぬきの置物が
並んでいるよ。大物づくりに向い
ている信楽焼が生んだ名物なんだ。

左手にとっくり、
右手に通い帳を持
った縁起のよい焼
き物じゃよ

なにかいいことが起こりそう♪

まねきねこ

ふつう ★★

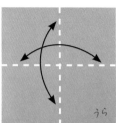

紙のまい数・サイズ	
ねこ	こばん ✂
1まい	1まい
15×15cm	4×4cm

1 たて横半分におって
おり目をつけてもどす

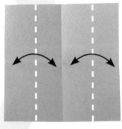
うら

2 真ん中に合わせておって
おり目をつけてもどす

3 真ん中のおり目に
合わせておる

たたんで
いるところ

4 点線でおって
おり目をつけて
全部開く

5 おり目にそって
だんおりにする

8 ⇦からすきまを開いて
⑦のおり目を使って
おりたたむ

6 おり目に
合わせておる

7 点線でおって
おり目をつけて
もどす

12 角をおり目に合わせておる

13 点線でおっており目をつけてもどす

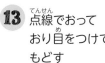

11 ⤢からすきまを開いて三角をつぶすように点線でおる

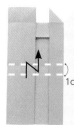

14 点線で中わりおりにする

10 点線で後ろにだんおりにする

1cm

15 うら返す

9 ⬆からすきまを開いて三角をつぶすように点線でおりたたむ

こばんをはって顔を書いてできあがり!

★ チャレンジ! ★
もの知りクイズ

左前脚をあげているまねきねこはなにをまねいているの?

① 人
② 食べもの
③ 仲間のねこ

右前脚はお金を招いてるんですって

あっ!とこにゃん発見!常滑ではいろんなところでまねきねこに会えるんだ

\ 「まねきねこの町」へ行くなら /
常滑市(愛知県)

愛知県

まねきねこの生産量日本一の愛知県。なかでも常滑市には、高さ約3.8mの見守り猫「とこにゃん」や、まねきねこが並ぶ「とこなめ招き猫通り」などがあって、いろいろなところでまねきねこが見つけられるよ。

答えはP158へ!

だるま

どんな顔を書こうかな?

◀動画もあるよ!

かんたん ★

紙のまい数・サイズ

1まい

15×15cm

1 たて横半分におって
おり目をつけてもどす

うら

2 点線でおる

1cm

3 角を★に重ねる
ように両はしを
おる

4 点線でおる

3cm

5 はみ出た角の部分を
後ろにおる

6 角を4かしょ後ろにおる

7 真ん中で後ろに少し
おり目をつけて立てる

**顔を書いて
できあがり!**

★ チャレンジ! ★

もの知りクイズ

Q 高崎のだるまは
3つのうちどれかな?

高崎のだるまの特ちょう
はなにかしら?

① ② ③

⑥ 答えはP158へ!

\「だるま寺」でおまいり/

少林山達磨寺(群馬県)

群馬県高崎市は日本有数のだるま
生産地なんだ。市内にある「少林
山達磨寺」は、張り子の縁起だる
まを初めてつくったお寺だよ。お
まいりすれば、いいことが起こる
かも!?

群馬県

日本

ほんとうにいたかも？

妖怪や伝説の生き物

日本各地に残る昔話の登場人物や、
言い伝えの中のふしぎな妖怪などを集めたよ。
忍者は実さいにあったしょく業だけど、
どこかミステリアス。

三猿

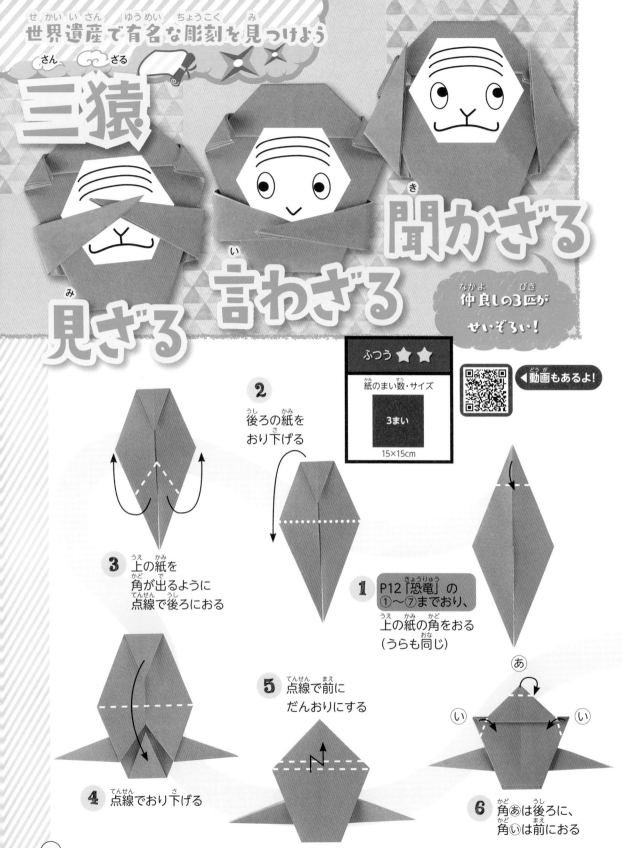

見ざる

言わざる

聞かざる

仲良しの3匹が

せいぞろい！

ふつう ★★

紙のまい数・サイズ

3まい

15×15cm

◀動画もあるよ！

2 後ろの紙を
おり下げる

3 上の紙を
角が出るように
点線で後ろにおる

1 P12「恐竜」の
①〜⑦までおり、
上の紙の角をおる
（うらも同じ）

5 点線で前に
だんおりにする

4 点線でおり下げる

6 角あは後ろに、
角いは前におる

あ

い　　　い

64

10 角を口のところで重なるようにおる

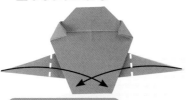

11 言わざるのできあがり

聞かざるをつくろう

12 角を耳のところにおり上げる

言わざるをつくろう

9 見ざるのできあがり

13 聞かざるのできあがり

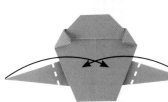

8 角を目のところで重なるようにおる

見ざるをつくろう

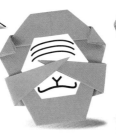

顔を書いてできあがり！

7 顔のできあがり
（同じものを3つつくる）

★チャレンジ！★
もの知りクイズ

Q 「三猿」はなにを「見ない言わない聞かない」ようにしているの？
① 悪いこと
② 楽しいこと
③ 悲しいこと

左甚五郎っていう有名な職人さんが彫ったのよ♪

写真提供：日光東照宮

＼三猿を見るなら／

日光東照宮（栃木県）

栃木県

栃木県日光市にある「日光東照宮」は、世界遺産に登録されたすごい神社なんだ。「見ざる・言わざる・聞かざる」で有名な三猿など、いろいろな教えが込められた彫刻がたくさん見られるよ。

神厩舎っていう建物で見られるよ

答えはP158へ！

てんぐ

高〜いお鼻が
インパクト満点！

ふつう ★ ★
紙のまい数・サイズ
1まい
15×15cm

1 たて横半分におって
おり目をつけてもどす

3 角をおる

2 真ん中の
おり目に
合わせておる

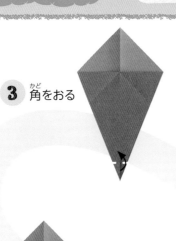

4 うら返す

5 点線で前に
だんおりにする

6 おり目のところで
おり上げる

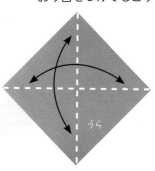

9 角をななめに
内がわにおる
（うらも同じ）

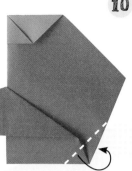

10 角をしまうように
中わりおりにする

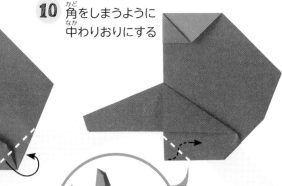

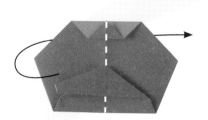

8 後ろに半分におる

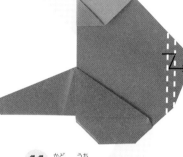

11 角を内がわに
だんおりにする
（うらも同じ）

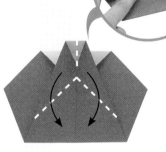

顔を書いて
できあがり！

7 点線で
たたむようにおる

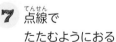

★チャレンジ！★
もの知りクイズ

Q 「てんぐになる」とは
どういう意味で
使われることば？

① いい気になって自慢すること
② 足が速くなること
③ お酒を飲んで酔っ払うこと

顔がこわいけど、怒っているのかなぁ…？

羽根が生えていて、空も飛べるんだ

\てんぐがすむといわれる山へ／
高尾山（東京都）

東京都

東京都八王子市にある高さ599mの「高尾山」には薬王院というお寺があって、そのご本尊のおともとして、てんぐがいたといわれているよ。ハイキングしながらいろいろなてんぐの像をさがしてみてね。

答えはP158へ！

ふつう ★★

紙のまい数・サイズ

1まい

15×15cm

◀動画もあるよ!

頭のお皿が
チャームポイント♪

かっぱ

1 図のようにおって
おり目をつけてもどす

うら

2 真ん中に
向かっておって
おり目を
つけてもどす

3 角を真ん中に向かって
後ろにおって
おり目をつけてもどす

4 1、2をおり、3はふくろを
つぶすようにおる

3

2 1

5 うら返す

6 角をおり目に
合わせておって
後ろの紙を上に出す

7 点線でおって
角をさしこむ

8 角を前で
だんおりにする

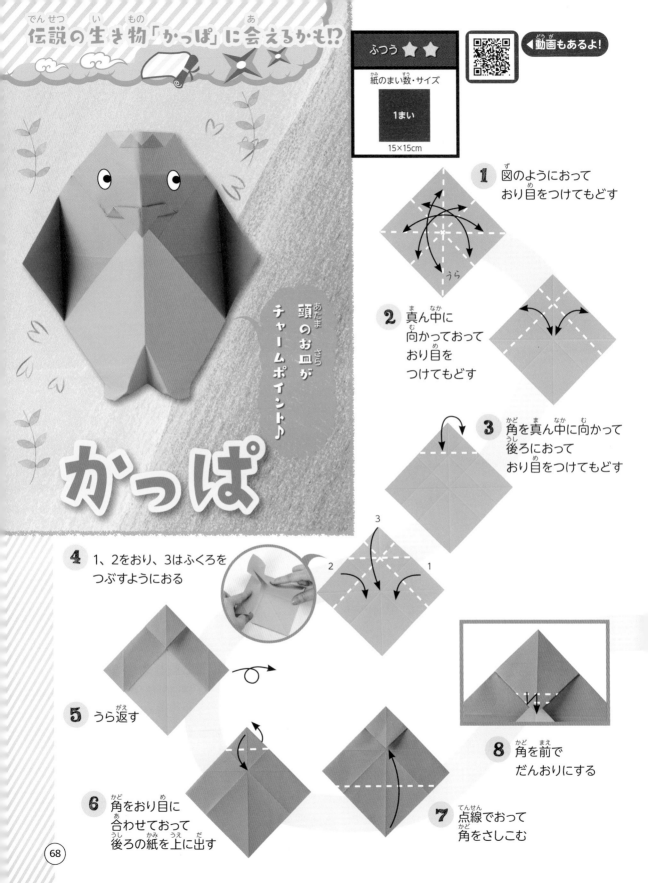

12 点線でおる

13 半分におる

14 角をななめにおって おり目をつけてもどす

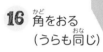

15 角をしまうように ⑭のおり目で 中わりおりにする

11 うら返す

16 角をおる （うらも同じ）

17 点線でおって立てる （うらも同じ）

18 開く

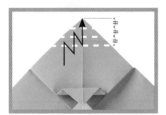

10 ⑨でおり目をつけた ところにあわせて点線で 前にだんおりにする

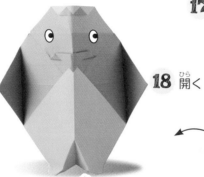

目を書いて できあがり！

9 点線でおって おり目をつけてもどす

★チャレンジ！★ **もの知りクイズ**

Q かっぱの大好物と されている食べ物はなにかな？

①アユ
②キュウリ
③流しそうめん

カッパにも好きな食べ物があるんだね

カッパ淵の水はとてもきれい。近くにはカッパ像も立っているわよ

\かっぱつりにチャレンジ/
カッパ淵（岩手県）

岩手県

柳田国男の『遠野物語』で知られる岩手県遠野市には、伝説の妖怪「かっぱ」がいたと伝わるスポット「カッパ淵」があるんだ。ほとりにはキュウリをエサにしたつり竿もあるよ。

答えはP158へ！

むずかしい ★★★

紙のまい数・サイズ

1まい

15×15cm

◀動画もあるよ！

にんじゃ

たくさんつくれば分身の術！？

1 たて横半分におって
おり目をつけてもどす

2 真ん中の
おり目に
合わせておる

3 真ん中に
合わせておる

4 ⇨から内がわの角を
引き出し、おり目を
使ってたたむ（左も同じ）

9 角を上のふちに
合わせておる

5 上の紙を
点線でおって
おり目を
つけてもどす

8 ⇨⇦から
すきまを開いて
つぶすように
おる

6 角を真ん中に向けておって
おり目をつけてもどす

7 点線でおって
おり目をつけてもどす

12 点線で上へたたむ

13 両はしを点線で後ろにおる

15 うら返す

14 左に角が少し重なるようにだんおりにする

16 三角が出るように右へおる

17 角を3かしょおる

11 角を内がわにおる

18 うら返す

10 下のふちに角を合わせて内がわにおる

顔を書いて できあがり!

★チャレンジ!★
もの知りクイズ

Q にんじゃが本当に**使っていたとされる術は?**

①水とんの術
②分身の術
③ムササビの術

ムササビの術で空を飛べたら楽しいな〜

女の子のにんじゃは、くノ一っていうのよね

\にんじゃのことならここで知る/
伊賀流忍者博物館（三重県）

戦国時代などに活躍したにんじゃにはさまざまな流派があったんだ。なかでも三重県伊賀市の伊賀流は有名。「伊賀流忍者博物館」では、忍者屋敷の見学や、大迫力の忍術実演ショーなどが楽しめるよ。

三重県

答えはP158へ!

かんたん ★

紙のまい数・サイズ

1まい

15×15cm

◀動画もあるよ！

鬼退治ならおまかせ！ ももたろう

1 たて横半分におって
おり目をつけてもどす

2 両はしを点線でおる

3 点線で後ろに
だんおりにする

4 おり目に合わせて
点線でおる

5 点線で後ろにおる

6 角を後ろにおる

はちまきをつけたり
顔を書いて
できあがり！

★チャレンジ！★ もの知りクイズ

Q ももたろうの
家来になっていない
動物はどれかな？

①ねこ
②犬
③キジ
④サル

写真はJR岡山駅に
立っているももた
ろう像よ

ぼくもきびだんご
ほしいな～

72 答えはP158へ！

\ももたろう伝説の地のひとつはココ/

吉備津神社（岡山県）

ももたろうにはモデルになった人
がいたそう。温羅という悪者を退
治した、大吉備津彦命という皇子
のことなんだ。岡山県岡山市に立
つ「吉備津神社」に、神様として
まつられているよ。

岡山県

心に残そう
こころ　のこ

季節の行事
き　せつ　　ぎょう　じ

日本には春夏秋冬の四季があるよ。
にほん　しゅんかしゅうとう　しき

春はさくらがいっせいに咲き、秋はもみじがきれい。
はる　　　　　　　　　　　　あき

おひなさまや、七夕など
たなばた

季節の行事も楽しもう。
き　せつ　ぎょうじ　たの

おひなさま

着物の柄も
アレンジしてみて！

| ふつう ★★ | | 使う道具 🧴のり |

紙のまい数・サイズ

顔	体
おびな・めびな	おびな・めびな
それぞれ1まい	それぞれ1まい
7.5×7.5cm	15×15cm

▲動画もあるよ！

おびなのつくりかた

"顔"をつくろう

1 たてに半分におっており目をつけてもどす

2 真ん中に合わせておっており目をつけてもどす

3 左右の角をおり目に合わせておる

4 真ん中のおり目に合わせておる

5 点線で後ろにだんおりにする

6 角を3かしょ後ろにおる

7 顔を書いて真ん中で少し後ろにおり目をつけて"顔"のできあがり

10 うら返す

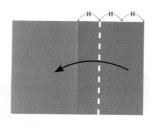

11 点線で左におる

12 ⑪でおったところを
角が出るように
点線でおり返す

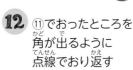

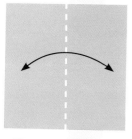

4.5cm

9 点線でおる

13 点線でおる

14 点線でおる

15 左も⑪〜⑭と
同じようにおる

8 たてに半分におって
おり目をつけてもどす

"体"をつくろう

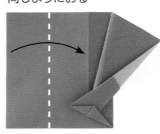

16 うら返す

次のページへつづく

"体"に"顔"をはって
できあがり!

17 真ん中で少し後ろに
おり目をつけて
"体"のできあがり

めびなの
つくりかた

"顔" をつくろう

1 たてに半分におって
おり目をつけてもどす

2 おり目に合わせて
点線でおる

3 左右の角を
ふちに合わせて
後ろにおる

4 角が出るように
後ろにだんおりにする

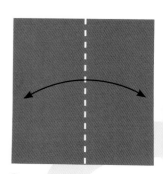

前のページのつづき

5 角を少し後ろにおる

7 たてに半分におって
おり目をつけてもどす

"体" をつくろう

6 顔を書いて
真ん中で少し後ろに
おり目をつけて
"顔" のできあがり

11 ⑩でおったところを角が出るように点線でおり返す

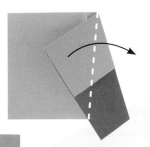

12 左がわも⑩⑪と同じようにおる

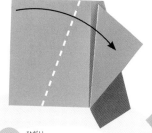

13 角をおる

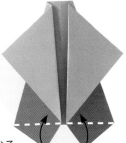

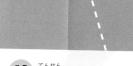

10 点線でおる

9 うら返す

8 点線でおる

"体"に"顔"をはって

できあがり!

14 うら返す

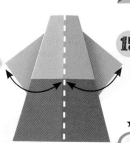

15 真ん中で少し後ろにおり目をつけて"体"のできあがり

★チャレンジ!★
もの知りクイズ

Q ひな飾りは**なんの様子**を表しているの?

① 結婚式
② 集合写真
③ 初デート

土地ごとにいろんなひな飾りがあるんだね

埼玉県はひな人形の生産が盛んなのよ

\巨大ひな飾りを見るなら/

鴻巣市(埼玉県)

埼玉県

ユニークなひな飾りを見るなら、人形づくりが盛んな埼玉県鴻巣市を訪れてみて。2月中旬〜3月上旬にかけて「日本一高いピラミッドひな壇」が登場。高さ約7m、31段のひな飾りは迫力満点!

答えはP158へ! (77)

さくら

お部屋のなかで
お花見気分♪

| むずかしい ★★★ | 使う道具 ✂はさみ |

紙のまい数・サイズ

1まい

15×15cm

◀動画もあるよ!

1 横に半分に
おる

おもて

2 ふちに合わせて
点線でおって
おり目をつけて
もどす

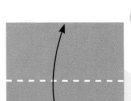

3 ★と★が
重なるように
おる

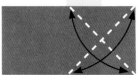

4 ふちに合わせて
おる

8 広げる

5 点線でおる

7 ─をはさみで切る

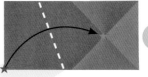

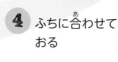

6 ⑤でおったところを
後ろにおる

13 うら返す

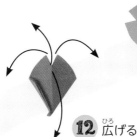

11 点線でおる

12 広げる

14 うずまきの部分を
回しながらととのえて
五角形ができるように
おしつぶす

10 点線で後ろにおる

15 うら返す

9 おり目にそってたたむ

できあがり！

チャレンジ！ もの知りクイズ

Q さくらが描かれている**硬貨**はどれかな？

① 50円玉
② 100円玉
③ 500円玉

おサイフの中にある硬貨でたしかめてみて

滝桜ってホントに"花の滝"みたい！

\日本三大桜のひとつ/
三春滝桜（福島県）

福島県

さくらの名所は全国にあるけれど、なかでも福島県三春町の「三春滝桜」は迫力満点。樹齢はなんと1000年以上といわれていて、国の天然記念物でもあるんだ。毎年4月中旬に見ごろをむかえるよ。

答えはP159へ！

赤、黄、オレンジの
紙を使ってね

もみじ

むずかしい ★★★

紙のまい数・サイズ

1まい

15×15cm

◀動画もあるよ!

1 P12「恐竜」の
①～⑦までおり、
上の紙を
真ん中でおり下げる
（うらも同じ）

2 上の紙を
真ん中のおり目に
合わせておる
（うらも同じ）

3 内がわの1つを
中わりおりにする

4 上の1まいを
真ん中で
右へたたむ

もみじ

6 真ん中でおる

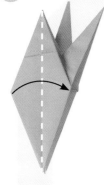

7 内がわの1つを
中わりおりにする

8 点線で
かぶせおりにする

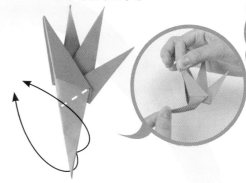

5 内がわの1つを
中わりおりにする

9 うら返す

"じく"をはって
できあがり！

★ チャレンジ！ ★
もの知り
クイズ

Q 「カエデ」の
名前の由来はなに？

① 「カエルの手」を略したから

② 「かえで」さんが発見したから

③ 色を「変えて」の意味から

紅葉がキレイなカエデの
ことをモミジとよぶのよ

京都には清水寺の
ほかにも紅葉の名
所がたくさんあるよ

\ もみじ狩りに訪れるなら /

清水寺（京都府）

京都府

秋の紅葉を楽しみたいなら、京都
のお寺を訪れるのがおすすめだよ。
とくに世界遺産のひとつ「清水
寺」は必見。三重塔や本堂のまわ
りをおさんぽしてみて。夜は紅葉
のライトアップも見られるんだ。

答えはP159へ！

かんたん ★　　使う道具 ✂はさみ

紙のまい数・サイズ
雪のけっしょう1〜3

それぞれ
1まい

15×15cm

雪の
けっしょう

キレイなもようが
つくれるかな？

雪のけっしょう1の
つくりかた

1 たてに半分におって
おり目をつけてもどす

2 横に半分におる

3 点線でおる

$\frac{1}{3}$
$\frac{1}{3}$
$\frac{1}{3}$

4 うら返す

5 ふちに合わせておる

6 後ろに半分におる

7 図のように
はさみで切る

8 やぶれないように
ていねいに広げる

できあがり！

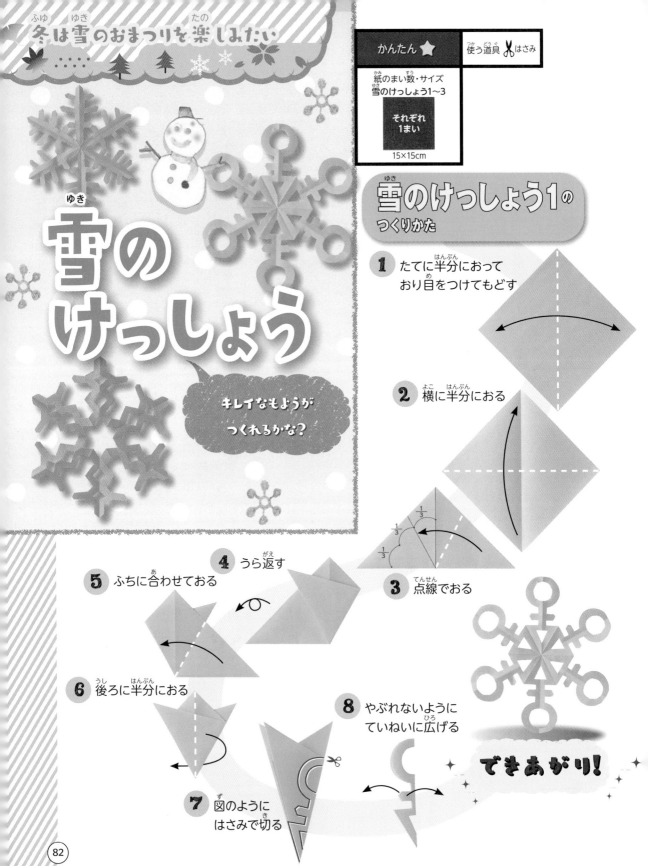

雪のけっしょう

1 「雪のけっしょう1」の①〜⑥をおって
図のようにはさみで切る

2 やぶれないようにていねいに広げる

できあがり！

雪のけっしょう2のつくりかた

できあがり！

雪のけっしょう3のつくりかた

1 「雪のけっしょう1」の①〜⑥をおって
図のようにはさみで切る

2 やぶれないようにていねいに広げる

★チャレンジ！★
もの知りクイズ

Q 「さっぽろ雪まつり」で
過去最大の雪像
のサイズは？
①高さ約10m
②高さ約25m
③高さ約50m

©HTB

雪のすべり台も登場するよ。遊んでみたいなぁ〜

ホントに雪でできてるの？スゴイわね！

\日本最大級の雪まつりへ/
さっぽろ雪まつり（北海道）

北海道

冬を楽しむなら、2月上〜中旬に開かれる「さっぽろ雪まつり」がおすすめだよ。巨大雪像のほか、すべり台やスケートリンクまで登場。夜のプロジェクションマッピングも見ごたえがあるんだ。

答えはP159へ！ ⑧③

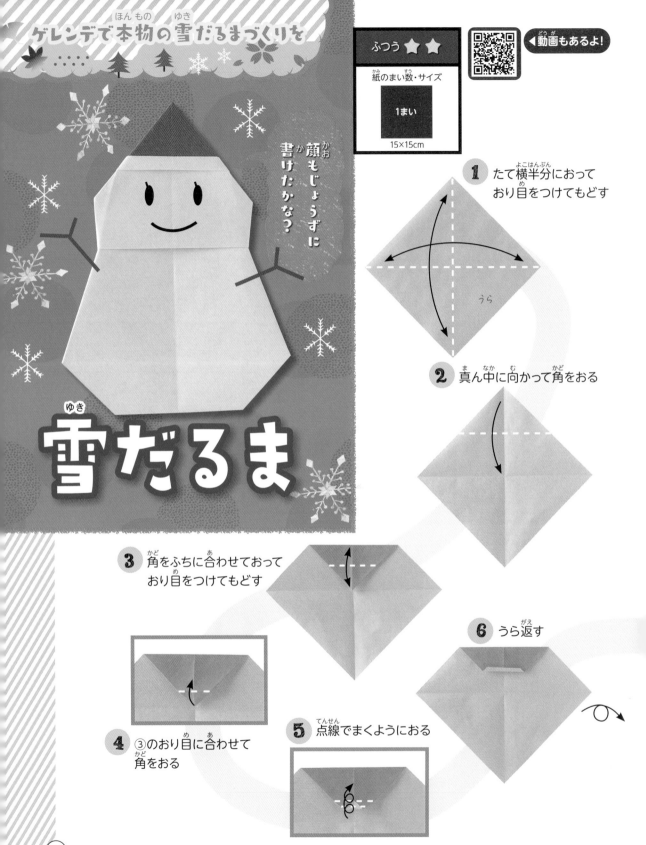

ふつう ★ ★

紙のまい数・サイズ

1まい

15×15cm

動画もあるよ!

顔もじょうずに
書けたかな?

雪だるま

1 たて横半分におって
おり目をつけてもどす

うら

2 真ん中に向かって角をおる

3 角をふちに合わせておって
おり目をつけてもどす

4 ③のおり目に合わせて
角をおる

5 点線でまくようにおる

6 うら返す

9 真ん中に合わせて
点線でおる

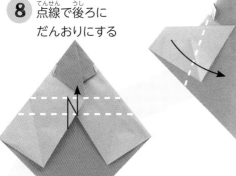

8 点線で後ろに
だんおりにする

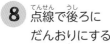

10 ⌣⌣ から三角を開いて
つぶすようにおる

7 重なるように
点線でおる

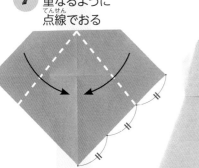

11 角を〇に
合わせており、
うら返す

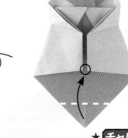

顔を書いて

できあがり!

★ チャレンジ! ★
もの知り
クイズ

Q 雪だるまを
つくるときのコツは
どれかな?

①頭を大きくつくる
②首の部分はできるだけ細く
③湿った雪を使う

"雪の遊園地"があるス
キー場もあるのね

\広いキッズゲレンデで遊ぶなら/
上越国際スキー場(新潟県)

新潟県

雪遊びをするなら大きなスキー場
が狙い目。新潟県の「上越国際ス
キー場」には、冬になると「キッ
ズパラダイス」が登場。雪だるま
をつくったり、スノーチュービン
グなどが楽しめるよ。

新潟県は日本のな
かでもとくに雪が
たくさんふるエリ
アなんじゃ

答えはP159へ! 85

七夕の星

オーナメントにも ぴったり♪

かんたん ★

使う道具 はさみ のり テープ

紙のまい数・サイズ
1まい
15×15cm

動画もあるよ！

1 紙を8本に細く切る

2 はしを前にまげてぐるりと後ろに回す

3 はしをわっかの中に通す

4 しっかりとむすんで五角形をつくる

5 一をはさみで切る

6 はしに紙をテープで1、2、3まいとつなげ点線でおる

テープ

7 点線で後ろにおる

8 五角形にそって全部おる

のり

9 はしにのりをつけ点線でおってすきまにさしこむ

10 ふちをつまむようにつぶしながら星のかたちにする

たくさんつくって糸でつなぐとかわいい七夕かざりに！

できあがり！

★チャレンジ！★
もの知りクイズ

Q 織姫と彦星はなぜ
7月7日にしか会えないの？

①大ゲンカをしたから
②仕事をしなくなった罰
③お互い人見知りだから

七夕の願いごとはなにになにしようかな～

1年に1度しか会えないなんて、かわいそうだよ…

86 答えはP159へ！

\東北3大まつりのひとつ/

仙台七夕まつり（宮城県）

豪華な七夕まつりといえば中暦の7月7日とその前後にあたる、8月6～8日に宮城県仙台市で行われる「仙台七夕まつり」。巨大笹飾りが町中を彩り、ステージイベントやグルメ屋台もたくさん。

宮城県

世界（せかい）の動物（どうぶつ）

ふだん動物園（どうぶつえん）で見（み）る動物（どうぶつ）たちは、どこから来（き）たのかな？世界各国（せかいかっこく）の動物（どうぶつ）たちのふるさとを知（し）りながらおってみよう。

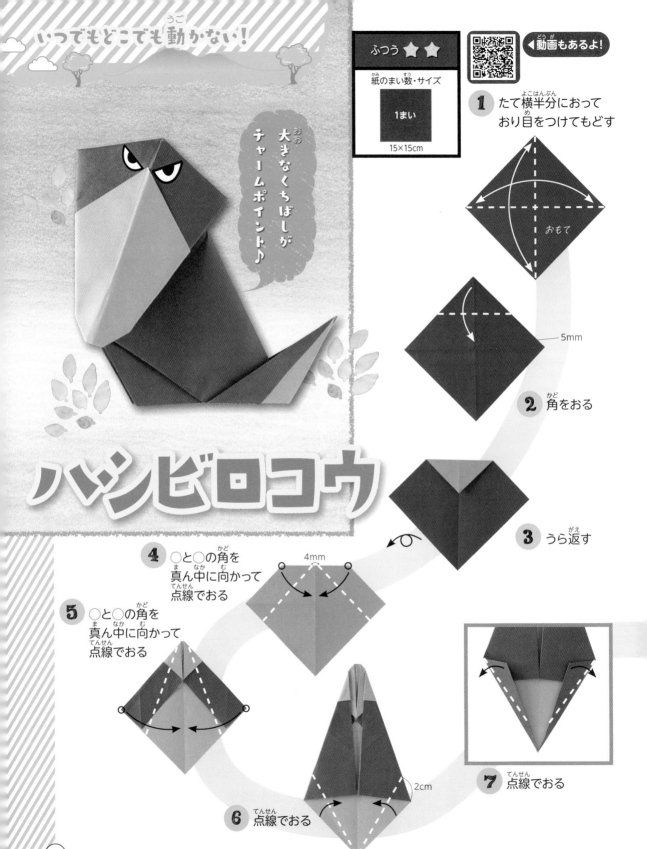

大きなくちばしがチャームポイント♪

ハシビロコウ

ふつう ★★

紙のまい数・サイズ

1まい

15×15cm

◀動画もあるよ！

1 たて横半分におっており目をつけてもどす

おもて

2 角をおる

5mm

3 うら返す

4 ○と○の角を真ん中に向かって点線でおる

4mm

5 ○と○の角を真ん中に向かって点線でおる

6 点線でおる

2cm

7 点線でおる

11 ⇨からふくろを開いて
つぶすようにおる

9 おったところ

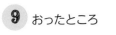

向きを変える

10 点線でおって
おり目をつけて
もどす

12 角を点線でおって
おり目をつけて
もどす

13 ⑫のおり目で
かぶせおりにする

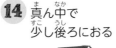

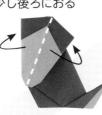

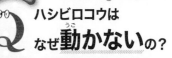

14 真ん中で
少し後ろにおる

8 半分におる

目を書いて

できあがり!

顔はこわいのに、おとなし
いんだね

★チャレンジ!★
もの知り
クイズ

Q ハシビロコウは
なぜ**動かない**の?

①目を開けたまま寝ている
②くちばしが重すぎて動けない
③獲物にバレないように

答えはP159へ!

ぼくのこと、
じっと見てない?

\ハシビロコウがすむ場所は?/
ヴィクトリア湖(タンザニア・ウガンダ・ケニア)

ケニア
ウガンダ
タンザニア

大きなくちばしと寝ぐせのような飾
り羽が特徴のハシビロコウ。すんで
いるのは中央アフリカの沼地。タン
ザニアとウガンダ、ケニアにまたが
るアフリカ最大の湖「ヴィクトリア
湖」などに生息しているんだ。

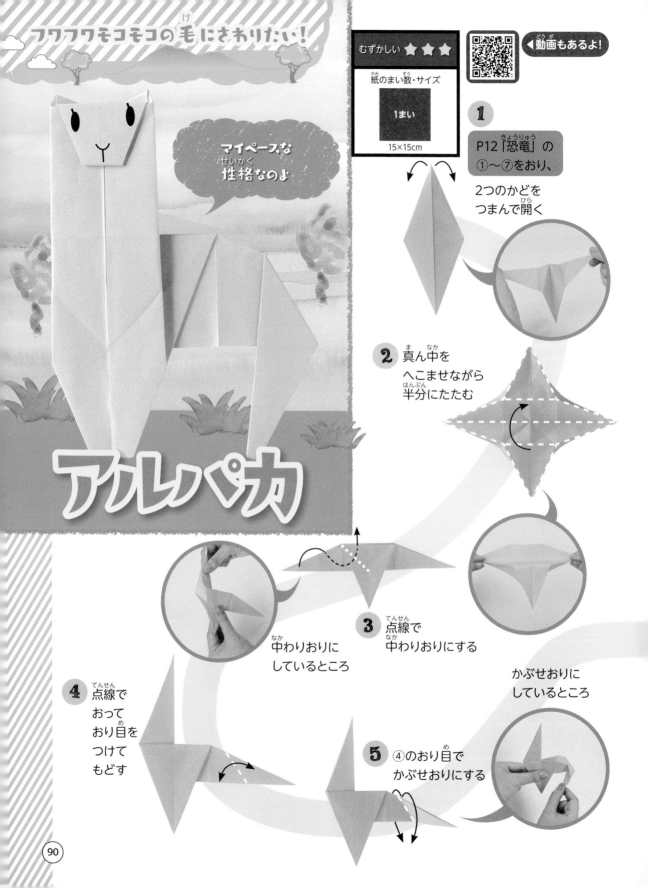

アルパカ

マイペースな性格なのよ

むずかしい ★★★

紙のまい数・サイズ

1まい

15×15cm

◀動画もあるよ！

1 P12「恐竜」の①〜⑦をおり、2つのかどをつまんで開く

2 真ん中をへこませながら半分にたたむ

3 点線で中わりおりにする

中わりおりにしているところ

4 点線でおっており目をつけてもどす

かぶせおりにしているところ

5 ④のおり目でかぶせおりにする

8 点線でまくように後ろにおる

9 点線でおる

10 点線でおる

11 点線でおってうらの面を前に向ける

7 うらの紙を開く

6 上の紙を点線でおる（うらも同じ）

顔を書いて

できあがり！

12 角をしまうように中わりおりにする

★ **チャレンジ！** ★
もの知りクイズ

Q アルパカはおこったときどんな攻撃をするのかな？

① はげしい頭突きをしてくる

② 長い首でからみついてくる

③ くさ〜いゲロを吐きかける

アルパカは人なつっこい子が多いよ

アルパカのいる動物園や牧場は日本各地にもあるわよ

＼アルパカに会いにいくなら／
アワナカンチャ（ペルー）

ペルー

アルパカは南アメリカ・ペルーの寒い高原地帯に多く生息しているんだ。毛が暖かく、マフラーや靴下の素材にも使われているよ。本場でアルパカに会うなら「アワナカンチャ」がおすすめ。

答えはP159へ！

ゾウ

長～い鼻で
いろんなことができるんだ

むずかしい ★ ★ ★	使う道具 ✂ はさみ

紙のまい数・サイズ
1まい
15×15cm

◀動画もあるよ！

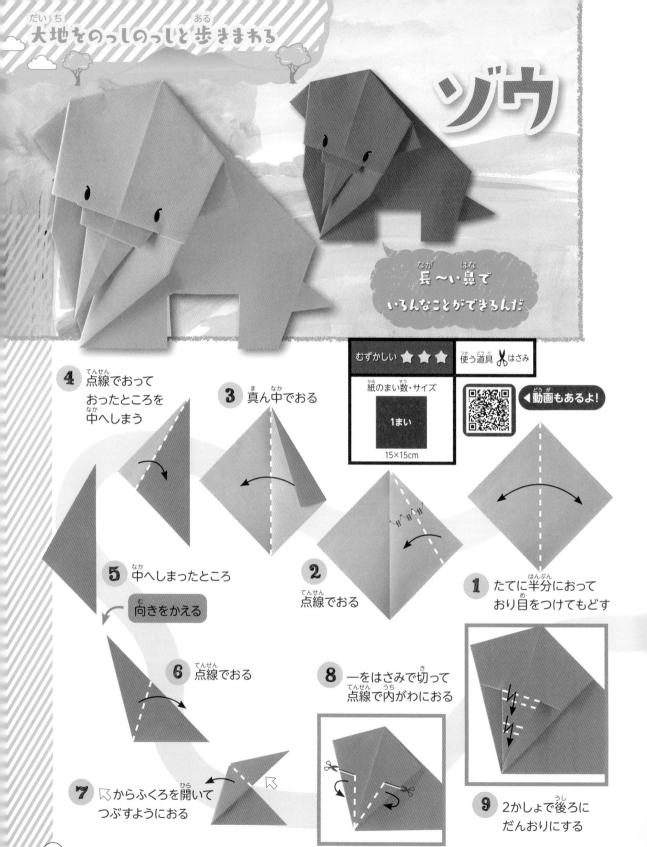

4 点線でおって
おったところを
中へしまう

3 真ん中でおる

5 中へしまったところ
向きをかえる

2 点線でおる

1 たてに半分におって
おり目をつけてもどす

6 点線でおる

8 一をはさみで切って
点線で内がわにおる

7 ⇗からふくろを開いて
つぶすようにおる

9 2かしょで後ろに
だんおりにする

だんおりに
しているところ

ゾウ

13 ひらく

12 角が出るように
おり返す

14 おり目をつかって
内がわにだんおりして
しっぽを出す

11 点線でおる

15 ―を
はさみで
切る

目を書いて

できあがり！

10 両はしを後ろに
だんおりにする

★ **チャレンジ！** ★
もの知り
クイズ

Q ゾウの鼻は
なぜ長いの？

①泳ぐとき息がしやすいように

②仲間のにおいをかぎわけるため

③体を動かさずにエサを
食べるため

動物園のゾウよりも迫力が
あるね！

陸で生活する動物
のなかでは、一番
大きいんじゃ

＼野生のゾウを見るなら／
ンゴロンゴロ保全地域（タンザニア）

◀ タンザニア

アフリカやタイなどにすむ野生の
ゾウ。タンザニア北部の「ンゴロ
ンゴロ保全地域」へ行くと、サフ
ァリドライブを楽しみながらアフ
リカゾウやライオン、ヒョウなど
が見られるよ。

答えはP159へ！ (93)

キリン

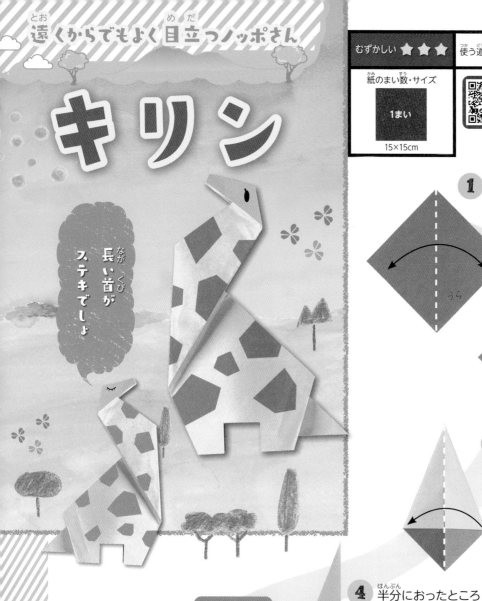

長い首が
ステキでしょ

むずかしい ★★★	使う道具 ✂はさみ

紙のまい数・サイズ
1まい
15×15cm

◀動画もあるよ！

1 たてに半分におって
おり目をつけてもどす

うら

2 真ん中のおり目に
合わせておる

3 半分におる

4 半分におったところ

向きをかえる

5 点線でおり目を
つけてから
かぶせおりにする

首の角度に気を
つけよう！

かぶせおり

7 中わりおりにする

6 点線でおり目を
つけてから
かぶせおりにする

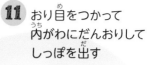

10 ひらく

9 角が出るように
おり返す

11 おり目をつかって
内がわにだんおりして
しっぽを出す

だんおりに
しているところ

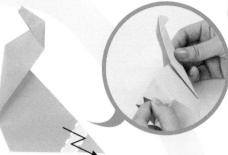

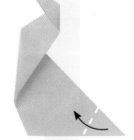

8 角を点線でおる

12 一をはさみで切る

目ともようを書いて
できあがり！

★ チャレンジ！ ★
もの知りクイズ

Q キリンの首は
なぜ長いの？

① 高いところの葉っぱを
食べるため

② 遠くの敵を見つけるため

③ 深い水の中にもぐるため

首が長いから遠くまで
見わたせそうだね！

サファリカーに
乗ってみたいなぁ

\ 野生のキリンに会うなら /
マサイマラ国立保護区（ケニア）

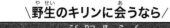

ケニア →

野生のキリンはアフリカ大陸にす
んでいるよ。なかでも赤道直下の
ケニアのサバンナ「マサイマラ国
立保護区」に行けば、サファリカ
ーにのってキリンウォッチングが
楽しめるんだ。

答えはP159へ！ ⑨⑤

コアラ

なぜだかいつも
眠(ねむ)いんだ

ふつう ★ ★

紙(かみ)のまい数(すう)・サイズ

1まい

15×15cm

◀動画(どうが)もあるよ!

1 たて横半分(よこはんぶん)におって
おり目(め)をつけて
もどす

2 真(ま)ん中(なか)の
おり目(め)に
合(あ)わせておる

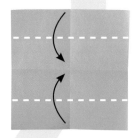

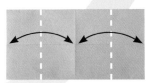

3 真(ま)ん中(なか)のおり目(め)に
合(あ)わせておって
おり目(め)をつけてもどす

4 角(かど)をおって
おり目(め)をつけて
もどす

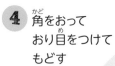

8 点線(てんせん)で後(うし)ろにおる

5 ⬆⬇からすきまを開(ひら)いて
つぶすようにおる

6 角(かど)を左(ひだり)へたたむ

7 角(かど)をおる

11 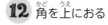 からふくろを開いて
つぶすようにおる

12 角を上におる

中わりおりに
したところ

13 角をしまうように
中わりおりにする

10 上の1まいを
右へたたむ

9 後ろへ半分におる

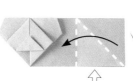

14  からふくろを開いて
つぶすようにおる

顔を書いて

できあがり！

15 後ろにおる

★ チャレンジ！ ★
もの知り
クイズ

Q コアラは1日何時間くらい
寝ているの？

①1時間
②8時間
③20時間

赤ちゃんが背中に
のってるよ

食べているのは
ユーカリの葉っぱ
じゃな

\ コアラをだっこするなら /
ローンパイン・コアラ・サンクチュアリ（オーストラリア）

オーストラリア

コアラはおもにオーストラリアに
すんでいるよ。ブリスベン郊外に
ある「ローンパイン・コアラ・サ
ンクチュアリ」に行くと、たくさ
んのコアラがいて、だっこしたり
写真を撮ったりできるんだ。

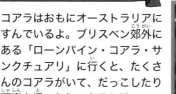

答えはP159へ！ (97)

ジャンプ力が
スゴイ!!

カンガルー

むずかしい ★ ★ ★
紙のまい数・サイズ
1まい
15×15cm

◀動画もあるよ!

1 P12「恐竜」の①～⑦をおり、点線で中わりおりにする

2 上の1まいをおり下げる

3 半分におる

4 ★の角を持ち、もうかた方の手で●の角を2まいともつまんで引き下げる

中わりおりにしているところ

ここをつぶすよ!

中わりおりにしているところ

中わりおりにしているところ

5 中わりおりにする（うらも同じ）

6 中わりおりにする（うらも同じ）

10 点線でおって
おり目をつけてもどす

9 中わりおりにする

11 ⑩のおり目で
中わりおりにする

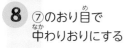

12 中わりおりにする

8 ⑦のおり目で
中わりおりにする

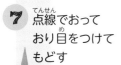

7 点線でおって
おり目をつけて
もどす

13 ⑫でおった
ところを中わり
おりにする

顔と手を書いて
できあがり!

★ チャレンジ! ★
もの知り
クイズ

Q カンガルーの
写真はどれかな?

おなかをよ〜く
見くらべてごらん

ん?ポケットに赤
ちゃんがいるよ!

①

②

③

\野生のカンガルーに会うなら/
モリセットパーク(オーストラリア)

オーストラリア

オーストラリアにはたくさんのカン
ガルーがすんでいて、動物園だけで
なく、野生のカンガルーも見られる
んだ。ニューサウスウェールズ州に
ある「モリセットパーク」では、園
内をとび回る姿が自由に見られるよ。

答えはP159へ! 99

ふつう ★★	使う道具 ✂はさみ

紙のまい数・サイズ

1まい

15×15cm

イルカ

とっても速く
泳げるんだよ

1 たて横半分におって
おり目をつけてもどす

うら

2 真ん中の
おり目に
合わせて
おる

3 真ん中に
合わせておる

4 内がわの紙を
引き出して
点線でおる

7 角を真ん中に
向かっておる

5 角を点線でおる

6 うら返す

11 点線でおって
おり目をつけて
もどす

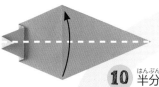

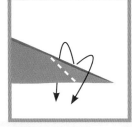

かぶせおりに
しているところ

12 ⑪のおり目で
かぶせおりにする

10 半分におる

13 中わりおりにする

9 角を少しおる

14 ―をはさみで
切っておる

8 おったところを
点線でおり返す

顔ともようを書いて
できあがり!

★チャレンジ!★
もの知りクイズ

Q イルカの**写真**は
どれでしょう?

仲良くなれそうなのはどの
子かな…

\イルカと一緒に泳ごう/
オアフ島(アメリカ)

①

②

③

みんな背びれがあ
るけど、顔がけっ
こう違うね!

野生のイルカはきれいな海にすん
でいるんだ。アメリカ・ハワイの
オアフ島では、クルーズ船からイル
カをながめたり、海に入ってイル
カと一緒に泳いだりできるツア
ーに参加できるよ。

オアフ島

答えはP159へ! (101)

ラクダ

むずかしい ★★★

紙のまい数・サイズ
1まい
15×15cm

◀動画もあるよ!

つくるのはヒトコブラクダだよ

1
P12「恐竜」の①〜⑦をおり、上の紙を真ん中に合わせておる（うらも同じ）

2 中わりおりにする

3 中わりおりにする

4 上の紙をおり下げる（うらも同じ）

5 中わりおりにする

6 角をしまうように中わりおりにする

7 上の紙の角を内がわにおる（うらも同じ）

顔を書いてできあがり!

★ チャレンジ!
もの知りクイズ

Q ラクダはどのくらい水を飲まなくても平気なの?

①1日
②1週間
③1カ月

ラクダは暑くてもへっちゃらなんだ

よく見ると、まつ毛が長くておっとりした顔なんだね♪

(102) 答えはP159へ!

\ ラクダにのりたいなら /

ドバイ（アラブ首長国連邦）

ヒトコブラクダがいるのは、アラブの国々など。アラブ首長国連邦のドバイに行くと、ラクダの背中にのって砂漠のなかをおさんぽすることもできるんだ。ホテルに迎えにきてくれるツアーもあるよ。

アラブ首長国連邦

いつか行きたい！
有名な世界遺産・建築

海外の有名な世界遺産や建築は、
一度は見てほしいものばかり。
スケールが大きくて
感動すること間違いなし！

風車とチューリップ

いろんな色で
つくってみてね

| ふつう ★★ | 使う道具 🍶のり |

紙のまい数・サイズ	
風車	チューリップ
2まい	4まい
15×15cm	15×15cm

風車のつくりかた

"タワー"をつくろう

1 たて横半分におって
おり目をつけてもどす

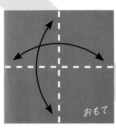

おもて

2 真ん中のおり目に
合わせておる

3 点線で後ろにおる

4 はみ出している
部分を後ろにおる

5 "タワー"の
できあがり

"はね"をつくろう

6 たて横半分におって
おり目をつけてもどす

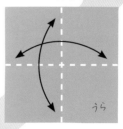

うら

10 点線でおる

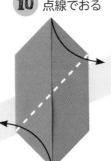

11 うら返す

12 点線でおって
おり目をつけて
もどす

9 ⬆⬇からすきまを開いて
つぶすようにおる

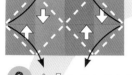

8 真ん中に合わせておって
おり目をつけてもどす

13 真ん中に向かっておって
おり目をつけてもどす

7 真ん中のおり目に
合わせておる

14 ⬆⬅⬆⬇からすきまを開き
角を下からつまむようにして
おり立たせる

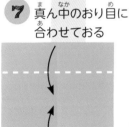

15 真ん中に向かって
ねじるようにして
細くおりたたむ

次のページへつづく

"タワー"に"はね"をはって
できあがり！

16 うら返して"はね"
のできあがり

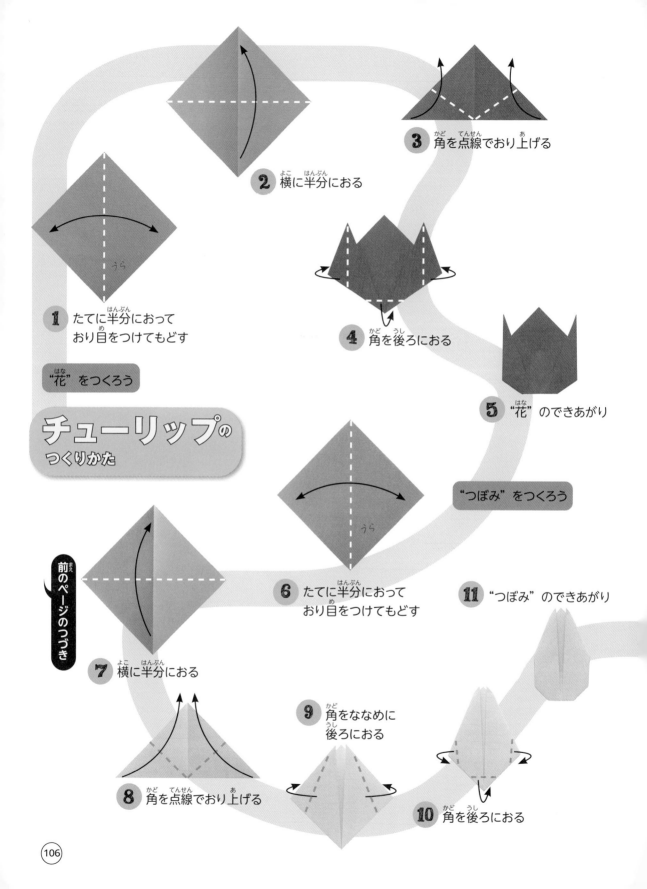

2 横に半分におる

3 角を点線でおり上げる

1 たてに半分におって
おり目をつけてもどす

4 角を後ろにおる

うら

"花" をつくろう

チューリップの
つくりかた

5 "花" のできあがり

"つぼみ" をつくろう

6 たてに半分におって
おり目をつけてもどす

うら

前のページのつづき

11 "つぼみ" のできあがり

7 横に半分におる

9 角をななめに
後ろにおる

8 角を点線でおり上げる

10 角を後ろにおる

13 真ん中のおり目に合わせておる

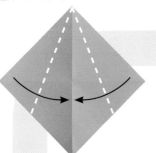

14 真ん中に合わせておる

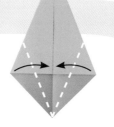

15 角を点線でおる

12 たて横半分におっており目をつけてもどす

うら

16 後ろへ半分におる

17 先をつまんで左右に開き下をつぶすようにおる

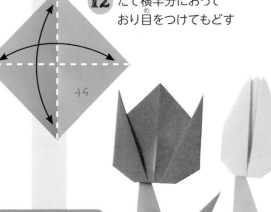

"葉っぱ"をつくろう

18 "葉っぱ"のできあがり

"葉っぱ"の先に
"花"や"つぼみ"をはって
できあがり！

★チャレンジ！★
もの知りクイズ

Q オランダにはなぜ**風車が多い**の？

① 水をかき出すため
② 神様へ風を送るため
③ 風車がはじめてつくられた国だから

オランダは低地に広がっている国なんだ

低い土地と関係があるってこと？

\風車とチューリップを見るなら/
キンデルダイクとキューケンホフ公園（オランダ）

オランダ

風車を見るなら世界遺産「キンデルダイク＝エルスハウトの風車群」へ。そこから北へ約80km行くと一面のチューリップ畑が広がる「キューケンホフ公園」も。3月中旬〜5月上旬が見ごろだよ。

答えはP159へ！

ふつう ★★

紙のまい数・サイズ

1まい

15×15cm

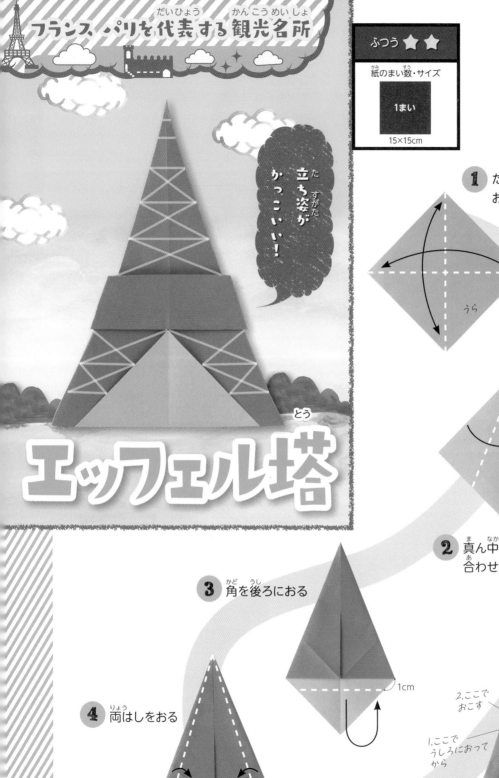

立ち姿が
かっこいい！

エッフェル塔

1 たて横半分におって
おり目をつけてもどす

うら

2 真ん中のおり目に
合わせておる

3 角を後ろにおる

1cm

4 両はしをおる

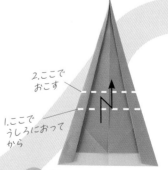

2.ここで
おこす

1.ここで
うしろにおって
から

5 後ろにだんおりにする

7 角をななめにおる

8 角をおる

9 下をおり上げる

6 前でだんおりにする

2.ここで
おり上げる

1.ここで
前におる

10 うら返す

もようを書いて
できあがり!

★ チャレンジ！★

もの知りクイズ

Q エッフェル塔が完成したとき最上階にはなにがあったのかな？

① アパート
② 教会
③ バンジージャンプ台

エッフェル塔は鉄の貴婦人とよばれているんだ

\ エッフェル塔を見上げるなら/
シャン・ド・マルス公園（フランス）

フランス

フランス革命100周年を記念して、1889年に開催された万国博覧会にあわせて建てられたエッフェル塔。世界遺産で、高さは324m。パリの「シャン・ド・マルス公園」がビュースポットだよ。

レースをまとっているように見えるわ！

答えはP159へ！ 109

むずかしい ★★★	使う道具 ✂はさみ 🍶のり

紙のまい数・サイズ	
自由の女神	かんむり **1まい** 5×2.5cm
1まい 15×15cm	

◀動画もあるよ！

おって自分の部屋に
かざろう

自由の女神

1 たて横半分におって
おり目をつけてもどす

2 真ん中のおり目に
合わせておる

3 真ん中に
合わせて
おる

4 半分におる

5 点線でおっており
目をつけて
もどす

6 � からすきまを開いて
⑤のおり目で
つぶすようにおる

7 角をおり下げる

8 角をおり上げる

9 角を後ろに
おりこむ

13 ……の形になるように角を中わりおりにする

14 点線ですこしひねるようにしてだんおりする（○のかどをつまんで①の線で手前におり、②の線でおりかえす）

②
①
○

15 後ろにだんおりにする

12 ⑩⑪のおり目でだんおりのかぶせおりにする

11 点線でおっており目をつけてもどす

10 点線でおっており目をつけてもどす

17 かんむりの紙を図のように切って頭の後ろにはる

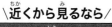

5cm
2.5cm
のり

16 おったところ

顔を書いて

✦ できあがり！ ✦

★ チャレンジ！ ★

もの知りクイズ

Q 自由の女神はどの国からプレゼントされたものかな？

① 日本
② フランス
③ イギリス

アメリカ合衆国の独立100周年のお祝いだったんだよ

船の上から見てみたいなぁ

＼近くから見るなら／

リバティ島（アメリカ）

自由の女神は、アメリカのニューヨーク港にあるリバティ島に立っているんだ。高さは93m。右手に自由を表すトーチ（たいまつ）をかかげているよ。マンハッタンからフェリーでアクセス。

アメリカ

答えはP159へ！

ピラミッドと

エジプトを
訪れた気分に♪

スフィンクス

むずかしい ★★★	使う道具 のり

紙のまい数・サイズ	
ピラミッド	スフィンクス
1まい	1まい
15×15cm	15×15cm

動画もあるよ！

ピラミッド　スフィンクス

2 上下の角をおって
おり目をつけて
もどす

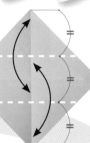
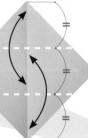

ピラミッドの
つくりかた

3 左右の角を
おって
おり目を
つけてもどす

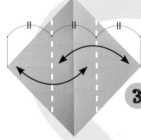

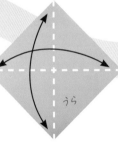

1 たて横半分におって
おり目をつけてもどす

うら

5 点線でおって
おり目をつけて
もどす

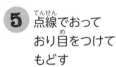

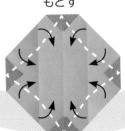

4 角をおる

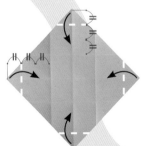

6 ⑤のおり目でおる

スフィンクスの つくりかた

1 たて・横（よこ）・ななめに半分（はんぶん）におっており目（め）をつけてもどす

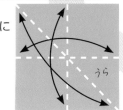

うら

2 まん中（なか）にむかって点線（てんせん）でおっており目（め）をつけてもどす

3 おり目（め）に合（あ）わせておる

4 おり目（め）に合（あ）わせておってもどす

7 のりをつけて角（かど）と角（かど）をはり合（あ）わせる

のり のり のり のり

はり合（あ）わせているところ

5 ←からすきまを開（ひら）いてつぶすようにおる

6 うら返（がえ）す

次（つぎ）のページへつづく

たたんでいるところ

1 2

7 1、2の順（じゅん）にたたむようにおる

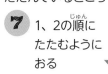
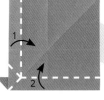

1 2

8 点線（てんせん）で後（うし）ろにおる

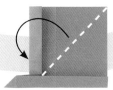

9 点線（てんせん）で中（なか）わりおりにする

113

13 点線で内がわにおって
おり目をつけてもどす
（うらも同じ）

14 ←から大きく開く

15 ➡✕←から
すきまを開いて
点線でおる

12 ⬇からすきまを開いて
つぶすようにおる
（うらも同じ）

11 点線でおる

18 点線でおって
おり目を
つけてもどす

16 半分におる

10 内側の紙を
点線で中わり
おりにする

17 ⑫でおったところを
もどす（うらも同じ）

向きをかえる

前のページのつづき

19 ↖から
ふくろを開いて
つぶすようにおる

顔を前に向けて
できあがり！

21 角を後ろに
おる

20 角を後ろにおる
（うらも同じ）

22 角を後ろに
だんおりにして
おり目を
つけてもどす

★チャレンジ！★
もの知り
クイズ

Q スフィンクスの体の部分は
なんの動物かな？

① ゾウ
② ねこ
③ ライオン

どっちも迫力が
すごいね！

スフィンクスは大きな岩を
けずってつくられたんじゃ

\ピラミッドとスフィンクスを見るなら/
ギザの大ピラミッド（エジプト）

一番大きなピラミッドは、エジプトのカイロ郊外にあるよ。「ギザの大ピラミッド」は高さ約138メートル！ぜんぶ人の手で大きな石を積み上げてつくったんだ。昔の王様たちのお墓ともいわれているよ。

エジプト

世界（せかい）のグルメ

みんながすきなものはあるかな？
ピザはイタリア、マカロンはフランス、
タピオカドリンクは台湾（たいわん）など、
本場（ほんば）の国（くに）に食（た）べに行（い）きたいね！

Wine

イタリアの王道グルメを食べに行こう

ピザ

とろ～リチーズが
クセになる♪

かんたん ★
紙のまい数・サイズ
1まい
15×15cm

1 たて横半分におって
おり目をつけてもどす

2 角を真ん中に
向かっておる

3 うら返す

4 角を真ん中に
向かっておる

5 うら返す

6 角を4かしょおる

7 うら返す

もようを書いて
できあがり!

★チャレンジ!★ もの知りクイズ

Q マルゲリータピザの
写真はどれかな?

わーい!
どれもおいしそう♪

マリナーラはチーズを使わないピザなんじゃよ

① ② ③

116 答えはP159へ!

\ピザが生まれた町へ/
ナポリ(イタリア)

イタリアの定番料理・ピザは、
300年以上前にイタリアのナポリ
で生まれたんだ。ナポリへ行くと、
「マルゲリータ」や「マリナーラ」
など、職人さんが焼きあげる本場
の味が楽しめるよ。

イタリア

◀動画もあるよ！

ふつう ★★

紙のまい数・サイズ

1まい

15×15cm

イタリア生まれの本格アイス

ピザ／アイス・ジェラート

アイスジェラート

カラフルポップで
おいしそう！

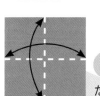

1
たて横半分におって
おり目をつけてもどす

2
おり目にそって
半分に切る

3
たてに半分におって
おり目をつけてもどす

4
真ん中の
おり目に
合わせておる

5 うら返す

6
角を真ん中の
おり目に
合わせておる

7 点線でおる

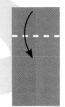

8 うら返す

もようを書いて
できあがり！

★チャレンジ！
もの知りクイズ

Q アイスジェラートの
おいしい食べ方は？

①カチカチに凍らせて食べる
②よく練ってから食べる
③なるべく一口で全部食べる

わたし、
アイス大好き！

お店ごとにいろんな味があるんだね

\ジェラートの本場へ/

フィレンツェ（イタリア）

イタリア

ジェラートはイタリアのフィレンツェが元祖といわれているんだ。歴史地区エリアがまるごと世界遺産に登録されているところだよ。赤レンガ色の町並みを見ながら、ジェラート屋さんでペロリ♪

答えはP159へ！ 117

ねじり模様がチャームポイント

クロワッサン

◀動画もあるよ！

ふつう ★★

紙のまい数・サイズ

1まい

15×15cm

1 たて横半分におっており目をつけてもどす

2 角を真ん中に向かっておる

3 角をおる

4 半分におる

5 角をななめにおる

6 点線でだんおりにする

7 点線でだんおりにする

8 うら返す

できあがり！

★チャレンジ！★

もの知りクイズ

Q クロワッサンは**フランス語で**どんな意味かな？

① 雲
② 三日月
③ 虹

パンのかたちがヒントじゃ

あっ！何個でも食べられるパンだ！

118 答えはP159へ！

\人気のお店が大集合/

パリ（フランス）

たっぷりバターを使ってサクサク食感に仕上げるクロワッサン。世界中で愛されているけれど、本場の町はフランスのパリ。有名なパン屋さんが集まっていて、食べくらべができるんだ。

フランス

優雅なティータイムを体験しよう

クロワッサン／紅茶

1 たて横半分におって
おり目をつけてもどす

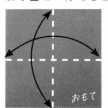

おもて

気分はイギリス貴族 **紅茶**

2 真ん中のおり目より
少し下でおる

3 うら返す

4 点線でおる

5 点線でおる

うら返して

できあがり!

6 角をななめにおる

そそぎ方っていろいろある
んだなぁ

★チャレンジ!★
もの知りクイズ

Q ミルクティーをより
おいしく飲む方法は?

①ミルクを入れてから紅茶をそ
そぐ

②紅茶を入れてからミルクをそ
そぐ

③ミルクと紅茶を同時にそそぐ

ママが紅茶大好
きなの

\おいしい紅茶を探すなら/

ロンドン(イギリス)

イギリス

イギリスは世界で一番紅茶が飲ま
れている国なんだ。ロンドンに行
くと、ブランド紅茶をあつかう専
門店がたくさん。優雅なアフタヌ
ーンティーが楽しめるカフェやホ
テルもいっぱいあるよ。

答えはP159へ! (119)

	ふつう ★★	使う道具 🍶のり ⏺テープ

紙のまい数・サイズ

マカロン	ケーキ
3まい	1まい
15×15cm	15×15cm

▼動画もあるよ!

マカロン

マカロンとケーキ

カラフルでか・わ・い・い♪

マカロンのつくりかた

"外がわ"をつくろう

1 たて横半分におっており目をつけてもどす

2 真ん中のおり目に合わせておる

3 真ん中のおり目に合わせておる

4 角を4かしょおっており目をつけてもどす

5 角をしまうように中わりおりにする

6 テープをはってうら返す

テープ

7 "外がわ"のできあがり（同じものを2つつくる）

"クリーム"をつくろう

8 ふちをおってから"外がわ"の①〜⑥をおる

5mm

9 "クリーム"のできあがり

3つをはり合わせて

できあがり!

中わりおりにしているところ

ケーキのつくりかた

1 たて横半分におっており目をつけてもどす

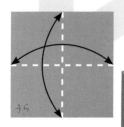

うら

2 点線でおる

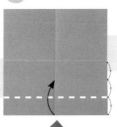

3 真ん中のおり目に合わせておる

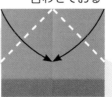

4 うら返す

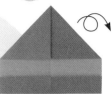

5 角をおり目のところでおる

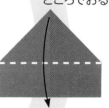

6 角をおり上げる

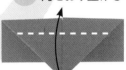

7 ふちに合わせておっており目をつけてもどす

8 ⮟⮟からすきまを開いてつぶすようにおる

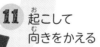

9 点線でおっており目をつけて組み立てる

10 はしをすきまにさしこむ

11 起こして向きをかえる

できあがり！

正式にはマカロン・ムーっていうんだよ

★ チャレンジ！ ★
もの知りクイズ

Q マカロンの**生地に入っている**のは？

① ワイン
② チーズ
③ アーモンド

わたしはケーキよりマカロン派♪

\スイーツを食べに行くなら/

パリ（フランス）

フランス

マカロンはフランスを代表するお菓子。発祥はイタリア説やフランス説があってナゾに包まれているけど、パリには「ピエール・エルメ・パリ」をはじめ、世界中に知られる人気店がたくさんあるよ。

答えはP159へ！ (121)

ワインと ワイングラス

Wine

大人の気分になれるか・も!?

ふつう ★ ★ ｜ 使う道具 ✂ はさみ

紙のまい数・サイズ

1まい

15×15cm

ワインのつくりかた

1 紙を半分に切る

ワイン用 ／ ワイングラス用

うら

2 たて横半分におっており目をつけてもどす

6mm

3 点線で後ろにおる

4 両はしを点線でおる

5 点線で前にだんおりにする

5cm

2.ここでおり上げる

1cm

1.まずここで前におり

6 ⇨⇦からすきまを開いて三角をつぶしながら点線でおる

7 うら返す

1 ワインの②と<ruby>同<rt>おな</rt></ruby>じように<ruby>おり目<rt>め</rt></ruby>をつけて<ruby>点線<rt>てんせん</rt></ruby>で<ruby>後<rt>うし</rt></ruby>ろにおる

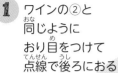

8mm

2 <ruby>点線<rt>てんせん</rt></ruby>でおって<ruby>おり目<rt>め</rt></ruby>をつけてもどす

3 ②の<ruby>おり目<rt>め</rt></ruby>でおる

4 <ruby>角<rt>かど</rt></ruby>を<ruby>点線<rt>てんせん</rt></ruby>で<ruby>おり返<rt>かえ</rt></ruby>す

5 <ruby>反対<rt>はんたい</rt></ruby>がわも③④と<ruby>同<rt>おな</rt></ruby>じようにおる

ワイングラスのつくりかた

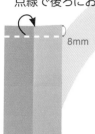

できあがり!

6 <ruby>点線<rt>てんせん</rt></ruby>でおる

7 <ruby>うら返<rt>がえ</rt></ruby>す

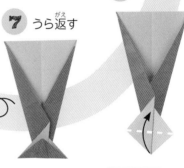

Wine

すきなラベルをはってできあがり!

★ チャレンジ! ★

もの知りクイズ

Q <ruby>赤<rt>あか</rt></ruby>ワインは**なぜ<ruby>赤<rt>あか</rt></ruby>いの?**

① ぶどうジュースを<ruby>加<rt>くわ</rt></ruby>えているから
② ぶどうの<ruby>皮<rt>かわ</rt></ruby>や<ruby>種<rt>たね</rt></ruby>を<ruby>一緒<rt>いっしょ</rt></ruby>に<ruby>発酵<rt>はっこう</rt></ruby>させているから
③ <ruby>日光<rt>にっこう</rt></ruby>を<ruby>浴<rt>あ</rt></ruby>びて<ruby>日焼<rt>ひや</rt></ruby>けしたから

さすが<ruby>本場<rt>ほんば</rt></ruby>だ！　<ruby>丘<rt>おか</rt></ruby><ruby>一面<rt>いちめん</rt></ruby>がぶどう<ruby>畑<rt>ばたけ</rt></ruby>になってる！

ワインってぶどうでつくったお<ruby>酒<rt>さけ</rt></ruby>なんだね

\<ruby>本場<rt>ほんば</rt></ruby>のワイン<ruby>畑<rt>ばたけ</rt></ruby>を<ruby>見<rt>み</rt></ruby>るなら/

ボルドー（フランス）

フランス

フランスは「ワイン<ruby>王国<rt>おうこく</rt></ruby>」とよばれるほどワインづくりがさかんな<ruby>国<rt>くに</rt></ruby>なんだ。なかでもボルドー<ruby>地方<rt>ちほう</rt></ruby>には、<ruby>世界最大級<rt>せかいさいだいきゅう</rt></ruby>のワイン<ruby>畑<rt>ばたけ</rt></ruby>が<ruby>広<rt>ひろ</rt></ruby>がっているよ。<ruby>家族<rt>かぞく</rt></ruby>でワイナリーツアーに<ruby>参加<rt>さんか</rt></ruby>してみて。

<ruby>答<rt>こた</rt></ruby>えはP159へ!

ビール

あわもしっかり
再現してます！

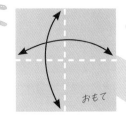

1 たて横半分におって
おり目をつけてもどす

おもて

2 点線でおる

3 点線でおる

1cm

4 真ん中のおり目から
角が出るようにおる

5 真ん中のおり目で
後ろにおる

あわを書いて
できあがり！

★ チャレンジ！ ★
もの知り
クイズ

Q ビールの苦みを生む
植物はどれかな？

① セロリ
② トウモロコシ
③ ホップ

オクトーバーフェストはアトラクション
も登場する遊園地みたいなおまつりだよ

ビールの品質を守る
ための法律まで
あるんじゃよ

\ ビールのイベントに訪れるなら /

ミュンヘン（ドイツ）

ドイツ

ビールの本場・ドイツには、世界
最大といわれているビールまつり
があるんだ。ミュンヘンで例年9
月下旬〜10月上旬に行われる「オ
クトーバーフェスト」、訪れる人
の数はなんと600万人以上！

ビール／タピオカドリンク

大粒のタピオカがたっぷり♪

日本でも大人気のカラフルドリンク

タピオカ ドリンク

| 使う道具 | のり | かんたん ★ |

紙のまい数・サイズ

ドリンク	ストロー
1まい	1まい 7×4cm
15×15cm	タピオカ 1.5×1.5cm 好きなだけ

1 ドリンクの紙をたてに半分におっており目をつけてもどす

2 点線で後ろにおる

3 下を重ねるように点線でおる

4 角をふちに合わせておる

5 うら返す

6 ドリンクのできあがり

7 ストローの紙をおりたたむ

8 ストローのできあがり

1.5cm角

9 タピオカの紙を用意する

ドリンクに "ストロー" と "タピオカ" をはって

できあがり！

\本場でドリンクを飲むなら/

台北（台湾）

台湾

日本でも大人気のタピオカドリンクは、台湾で生まれた飲み物なんだ。中心都市の台北に行くと、タピオカ専門店がたくさんあるよ。本場のタピオカミルクティーなどを味わってみて。

★ チャレンジ！ ★

もの知りクイズ

Q タピオカの**原料**はなにかな？

① イモのデンプン
② コンニャク
③ 魚の卵

写真にとりた～い！

モチモチしておいしいよね

答えはP159へ！

トロピカルなフルーツを食べに行こう

リゾートムード満点だよ

パイナップルとバナナ

| ふつう ★★ | 使う道具 ✂はさみ |

紙のまい数・サイズ
パイナップル・バナナ

それぞれ
1まい

15×15cm

◀動画もあるよ!

パイナップルのつくりかた

1 たてに半分におって
おり目をつけてもどす

うら

2 真ん中のおり目に
合わせておる

3 うら返す

4 真ん中のおり目に
合わせておる

5 点線でおって
おり目をつけて
もどす

6 一を切って
おり目に合わせて
横におる

7 点線でおる

8 点線で真上に
おり上げる

9 反対がわも
⑦⑧と同じようにおる

10 うら返す

もようを書いてできあがり!

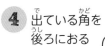

4 出ている角を後ろにおる

5 半分におる

3 上の1まいを角が少し出るようにおり上げる

6 上の1まいを角と角がずれるようにおる

2 横に半分におる

7 角と角がずれるようにおる

1 たてに半分におっており目をつけてもどす

うら

8 角を後ろにおる

できあがり！

バナナの
つくりかた

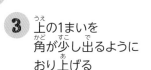
◀動画もあるよ！

★ チャレンジ！ ★
もの知り
クイズ

Q パイナップルの畑
はどれかな？

「パイン」は英語で松のこと。
松ぼっくりに似てるでしょ？

パイナップルは鉢植えでも栽培できるみたいだよ

①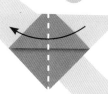

②

③

\パイナップルの名産地は？/
ミンダナオ島（フィリピン）

フィリピン

パイナップルは、おもに赤道近くの国々でつくられているよ。日本でよく見かけるパイナップルは、フィリピン産が中心。フィリピンは世界でも5本の指に入る一大産地なんだ。南部の「ミンダナオ島」などが名産地だよ。

答えはP159へ！

ボリュームも満点だよ！

ハンバーガー

| かんたん ⭐ | 使う道具 ✂はさみ |

紙のまい数・サイズ

パン・ハンバーグ	レタス
それぞれ 1まい	1まい 7.5×7.5cm
15×15cm	

▶動画もあるよ！

1 "パン"の紙を
たてに半分におって
おり目をつけてもどす

うら

2 真ん中のおり目に
合わせておる

3 半分に
おる

4 角をおって
おり目をつけて
もどす

5 角をしまうように
中わりおりにする

8 "ハンバーグ" は
①～⑥までおって
向きを変えれば
できあがり

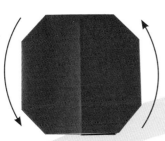

9 レタスの紙を切る

10 "レタス" の
できあがり

7 "パン" の
できあがり

11 "パン"に
"ハンバーグ"と
"レタス"をはさむ

6 角を内がわにおる
（うらも同じ）

✦ できあがり！ ✦

★ チャレンジ！ ★
もの知り クイズ

Q ハンバーガーに使われる肉は
おもに何の肉かな？

①豚肉
②牛肉
③羊肉

すっごいボリューム！

ハンバーガーが生まれたのは1904年にアメリカで開かれたセントルイス万国博覧会だといわれているよ。

＼本格ハンバーガーを食べるなら／
ロサンゼルス郡（アメリカ）

アメリカ

アメリカのハンバーガーは味もボリュームもケタ違いだよ。特に人気なのが、ロサンゼルス郡生まれのチェーン店「イン・アンド・アウト・バーガー」。ぜんぶ注文を受けてから手作りしてくれるんだ。

答えはP159へ！ (129)

メープルシロップ

パンケーキのおともに♪

ふつう ★★

紙のまい数・サイズ

1まい

15×15cm

1 たて横半分におっており目をつけてもどす

うら

6mm

2 点線で後ろにおる

3 真ん中に合わせておる

1.7cm
1.5cm

4 点線で前にだんおりにする

5 角をおっており目をつけてもどす

6 ⇨◁⇨から開いて三角をつぶすように点線でおる

7 角をおる

8 角をななめにおる

9 うら返す

ラベルを書いたりはったりして **できあがり!**

★チャレンジ!★

もの知りクイズ

Q メープルシロップの「メープル」ってなに?

①みかん
②栗
③カエデ

メープルシロップって木からとるの??

料理の隠し味にも使えるんだよ

\本場の味を買える場所は?/

ケベック州(カナダ)

世界のメープルシロップの約70%はカナダでつくられているんだ。450年以上前からメープルの樹液の味に気づいて、約340年前にはシロップをつくっていたみたい。ケベック州が一番の産地だよ。

カナダ

ほしくなっちゃう！

民芸品（みんげいひん）、民族（みんぞく）いしょう

かわいい世界（せかい）の民芸品（みんげいひん）や民族（みんぞく）いしょうは、日本（にほん）ではなかなかお目（め）にかかれないもの。その国（くに）に行（い）ったらぜひお気（き）に入（い）りを見（み）つけてね。

むずかしい ★ ★ ★ | <ruby>使<rt>つか</rt></ruby>う<ruby>道<rt>どう</rt></ruby><ruby>具<rt>ぐ</rt></ruby> ✂はさみ ▮のり

<ruby>紙<rt>かみ</rt></ruby>のまい<ruby>数<rt>すう</rt></ruby>・サイズ

チマ(スカート)
1まい
15×15cm

チョゴリ(<ruby>上<rt>うわ</rt></ruby><ruby>着<rt>ぎ</rt></ruby>)
1まい

チマ(スカート)
をつくろう

いろんな<ruby>色<rt>いろ</rt></ruby>のおりがみを
<ruby>使<rt>つか</rt></ruby>ってみてね

チマチョゴリ

1 たて<ruby>横<rt>よこ</rt></ruby><ruby>半<rt>はん</rt></ruby><ruby>分<rt>ぶん</rt></ruby>におって
おり<ruby>目<rt>め</rt></ruby>をつけてもどす

2 <ruby>真<rt>ま</rt></ruby>ん<ruby>中<rt>なか</rt></ruby>の
おり<ruby>目<rt>め</rt></ruby>に
<ruby>合<rt>あ</rt></ruby>わせておる

3 <ruby>両<rt>りょう</rt></ruby>はしを<ruby>真<rt>ま</rt></ruby>ん<ruby>中<rt>なか</rt></ruby>の
おり<ruby>目<rt>め</rt></ruby>に
<ruby>合<rt>あ</rt></ruby>わせておる

5mm

4 <ruby>両<rt>りょう</rt></ruby>はしを
<ruby>真<rt>ま</rt></ruby>ん<ruby>中<rt>なか</rt></ruby>に
<ruby>合<rt>あ</rt></ruby>わせておる

チョゴリにリボンを
つける<ruby>場<rt>ば</rt></ruby><ruby>合<rt>あい</rt></ruby>は
<ruby>上<rt>うえ</rt></ruby>の<ruby>紙<rt>かみ</rt></ruby>を5mm<ruby>幅<rt>はば</rt></ruby>に
<ruby>切<rt>き</rt></ruby>って<ruby>使<rt>つか</rt></ruby>おう!

5 ③のかたち
まで<ruby>開<rt>ひら</rt></ruby>く

6 うら<ruby>返<rt>がえ</rt></ruby>す

7 ★のおり<ruby>目<rt>め</rt></ruby>をつまんで
<ruby>真<rt>ま</rt></ruby>ん<ruby>中<rt>なか</rt></ruby>に<ruby>合<rt>あ</rt></ruby>わせるように
だんおりにする

10 点線で後ろにおる

11 チマのできあがり

9 点線で後ろに
だんおりにする

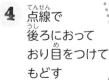

8 ●をおさえて●の
角のひだを左右に
ずらすようにして
広げる

チョゴリ(上着) をつくろう

1 たて横半分に
おっており目を
つけてもどす

1cm

2 点線で
後ろにおる

次のページへつづく

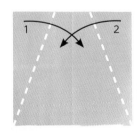

3 1、2の順に
点線でおる

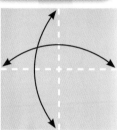

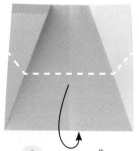

4 点線で
後ろにおって
おり目をつけて
もどす

5 左右に開く

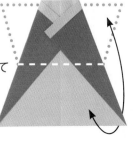

6 ④のおり目で
後ろにおる

9 チョゴリの
できあがり

リボンをつくって組み立てよう

リボンは"チマ"の③で細く切った紙をうら返して使おう！

1 上の紙が長くなるようにおる

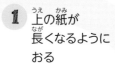

2 おった方をぐるりと曲げて先を重ねる

8 点線で後ろにおる

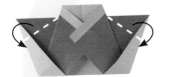

5 "チョゴリ"に"リボン"をはる

3 できた輪の中に先を通してしっかりと引きしめる

4 リボンのできあがり

7 1、2の順におり目でたたむ

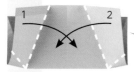

のり

前のページのつづき

6 "チマ"にのりをつけて"チョゴリ"にさしこむ

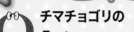

★チャレンジ！★ もの知りクイズ

Q チマチョゴリの「チマ」ってどういう意味なの？

①巻きスカート
②女性
③韓国

旅先で体験できるの？着てみた〜い！

はなやかな色使いもポイントなんじゃ

できあがり！

\チマチョゴリ姿で観光も/
ソウル（韓国）

韓国のソウルには、民族衣装・チマチョゴリをレンタルできるお店がたくさんあるよ。「景福宮」などの宮殿にチマチョゴリを着て訪れると、入場料が無料になるサービスもあるんだ。

韓国

中国で生まれたおしゃれドレス

チマチョゴリ／チャイナドレス

チャイナドレス

一度は着てみたい！

かんたん ★

紙のまい数・サイズ

1まい

15×15cm

1 たて横半分におって
おり目をつけてもどす

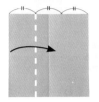

2 点線でおる

3 三角が出るように
点線でおる

5 三角が出るように
点線でおる

4 点線でおる

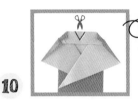

10 一を切ってうら返す

6 点線でおる

11 点線で
内がわにおる

できあがり！

7 ⑥でおったところを
点線でおり返す

8 角をななめにおる

9 点線でおる

チャレンジ！
もの知りクイズ

Q チャイナドレスは、もともと
どういう人が着ていたの？

① 王様
② 男性
③ 赤ちゃん

刺繍のもようも
かわいい〜

はなやかな色の
ドレスが多いんだね

\チャイナドレスの発祥地は？/

瀋陽（中国）

刺繍が入ったシルク生地と深いスリットが特徴のチャイナドレスは、中国北部の瀋陽という町で生まれたんだ。今でもここで、チャイナドレスのショーなどが開催されているよ。

中国

答えはP159へ！ (135)

並べると 親子みたい

マトリョーシカ

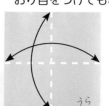

かんたん ★

紙のまい数・サイズ

1まい

15×15cm

1 たて横半分におって
おり目をつけてもどす

うら

2 真ん中に合わせておって
おり目をつけてもどす

3cm　3cm

2.2cm　2.2cm

6 点線でおる

1.5cm

5 点線でおる

3 両はしをおる

4 角を内がわにおる

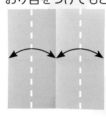

顔を書いて
できあがり!

7 左右同じになるように
両はしを後ろにおる

8 角を4かしょ
後ろにおる

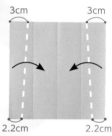

★ チャレンジ! ★
**もの知り
クイズ**

Q マトリョーシカは
なにをヒントに
つくられたの?

① 中国の仏像
② フランス人形
③ 日本の工芸品

よく見ると、
顔もひとつ
ずつ違うん
だね

どこかで見たこと
があるような…

\本場のマトリョーシカを見るなら/

セルギエフ・ポサード(ロシア)

ロシアの民芸品といえば、かわいい木の人形が入れ子になっているマトリョーシカ。モスクワ近くのセルギエフ・ポサードという町には、最初につくられたマトリョーシカを飾る博物館があるんだ。

ロシア

ふつう ★ ★

手づくりの木ぐつをおみやげに

紙のまい数・サイズ

1まい

15×15cm

オランダの木ぐつ

好きなもようの紙でおってみて！

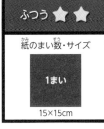

1 たてに半分におっており目をつけてもどす

うら

2 横に半分におる

3 角をふちに合わせて点線でおる

4 ★が真ん中のおり目に重なるようにおる

5 ③のかたちまで開く

6 角をしまうようにおり目を使って中わりおりにする

8 点線で後ろにおる

7 角が出るようにおり目を使って下から上へ中わりおりにする

9 角を後ろにおる

できあがり！

答えはP159へ！ (137)

手づくりのくつを買うなら

ザーンセ・スカンス（オランダ）

オランダ

木ぐつは約800年前からオランダでつくられている伝統のくつ。ザーンセ・スカンスという村へ行くと、昔の家屋や風車のほかに木ぐつのワークショップもあって、手づくりしている様子を見たりできるよ。

★ **チャレンジ！** ★

もの知りクイズ

Q オランダで**木ぐつが使われる**ようになったワケは？

①木がたくさんあまっていたから

②おしゃれだから

③くつがぬれやすい土地だったから

木ぐつってどんなはき心地なんだろう…？

いろんなもようがあって選ぶのも楽しそう

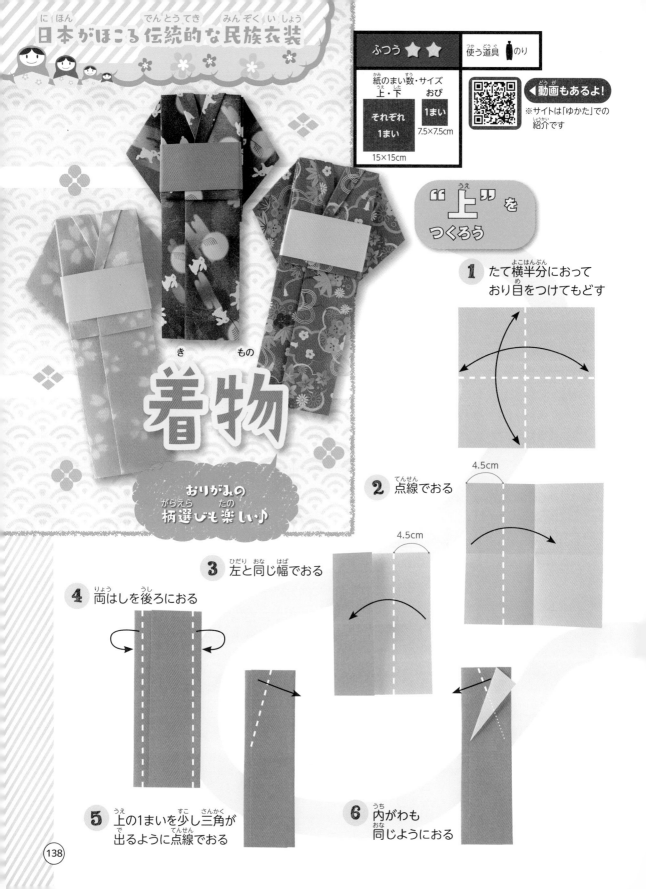

ふつう ★★　　使う道具 🍶のり

紙のまい数・サイズ	
上・下	おび
それぞれ 1まい	1まい 7.5×7.5cm
15×15cm	

◀動画もあるよ!

※サイトは「ゆかた」での紹介です

着物（きもの）

おりがみの
柄選びも楽しい♪

"上"をつくろう

1 たて横半分におって
おり目をつけてもどす

2 点線でおる

4.5cm

3 左と同じ幅でおる

4.5cm

4 両はしを後ろにおる

5 上の1まいを少し三角が
出るように点線でおる

6 内がわも
同じようにおる

9 手前も内がわも
開くように
点線でおる

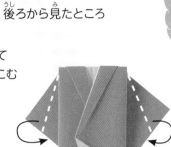

後ろから見たところ

10 点線で後ろにおって
角をすきまにさしこむ

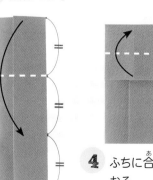

8 えりがはみ出ない
ように後ろにおる

11 角を点線で後ろにおる

7 ふちとふちを
合わせておる

12 "上"のできあがり

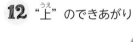

"下"を
つくろう

"上"の①②までおってから
はじめよう！

次のページへつづく

1 点線でおる

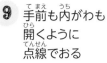

2 点線でおる

3 点線でおる

4 ふちに合わせて
おる

1 "おび"の紙を点線でおりたたむ

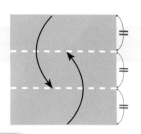

2 "おび"のできあがり

3 "下"の幅に合わせて後ろにおり目をつけてもどす

のり

"おび"をつくって組み立てよう

5 "下"のできあがり

4 "上"と"下"をはり合わせる

前のページのつづき

5 "おび"の両はしを横のすきまにさしこむ

できあがり！

★チャレンジ！★
もの知りクイズ

Q 七五三の着物によく描かれる
縁起のよいもようはどれ？

① ねこ
② お守り
③ 手まり

男の子用の着物もあるよ

写真、たくさん撮ってほしいな♪

\着物で街さんぽするなら/
浅草（日本）ほか

着物は、七五三や成人式などの特別な日に着ることが多いけど、レンタル着物店を利用すると、気軽に着付けができるんだ。東京都の浅草や埼玉県の川越など、観光地を着物で歩くのも楽しいよ。

日本

カルチャー・スポーツ

本場でじっくり見たり体験したりするのは、
旅の一番の楽しみ。
発祥の地で本物にふれる旅を
想像しながらおってみよう。

かんたん ★	使う道具 ✂はさみ 🍶のり

紙のまい数・サイズ

1まい

15×15cm

◀動画もあるよ!

おんぷ

思わず
口ずさみたくなる♪

おんぷ1のつくりかた

おんぷ1 おんぷ2 おんぷ3 おんぷ3

1 紙を4分の1に切る

2 半分におっており目をつけてもどす

3 真ん中に合わせておる

うら

4 半分におる

5 点線でおっており目をつけてもどす

3cm 4cm

6 ⇨からすきまを開いてつぶすようにおる

7 角を後ろにおる

5cm

8 —をはさみで切る

できあがり!

1 点線でおっており目をつけてもどす

5cm

"おんぷ1"の⑦までおってからはじめる

おんぷ2のつくりかた

おんぷ3の つくりかた

できあがり！

1 ⑦は点線でおって おり目をつけてから かぶせおりにする ⑦は─をはさみで切る

5cm

⑦　⑦

5 角をしまうように 内がわにおりこむ

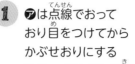

2

のり

⑦　⑦

⑦にのりをつけて ⑦にさしこむ

⑦にのりをつけて 後ろにはる

4 ③のおり目で 中わりおり にする

3 点線でおって おり目をつけて もどす

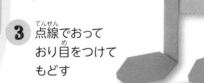
できあがり！

"おんぷ1"の⑦まで おったものを2つつくる

チャレンジ！ もの知りクイズ

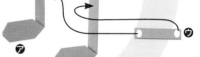

Q 本当にある **ピアノの曲**はどれかな？

①ピアノの上にのって足でひく
②ピアノを一度もひかない
③口笛でピアノの音をかなでる

2 ①のおり目で かぶせおりにする

コンサートホールって天井 が高～い！

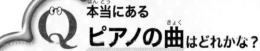

まるで宮殿の中に いるみたいだ

\クラシックコンサートを聴くなら/

ウィーン（オーストリア）

オーストリア

"音楽の都"として有名なのが、オーストリアのウィーン。ニューイヤーコンサートなどが行われる「ウィーン楽友協会大ホール」は、音の響きのよさでは世界有数のホールといわれているんだ。

答えはP159へ！

		使う道具 🍶のり
ふつう ⭐⭐		

紙のまい数・サイズ

ギター	ネック
1まい	1まい
15×15cm	15×7.5cm

フラメンコギター

踊り出したくなるかも!?

1 たて横半分におって
おり目をつけてもどす

2 真ん中に向かっておる

3 角をおる)2cm

4 半分におる

5 上の1まいを
点線でおって
おり目をつけて
もどす

)1.5cm

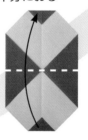

6 角をおって
おり目をつけて
もどす

8 上の1まいを
⑤のおり目で
おり下げる

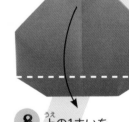

7 角をしまうように
⑥のおり目で
中わりおりにする

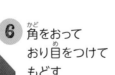

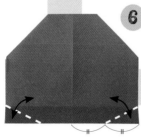

10 うら返す

11 ギターのできあがり

12 ネックの紙を
たて横半分におって
おり目をつけてもどす

13 点線で
後ろにおる

9 点線でおる

16 ネックの
できあがり

15 半分におる

14 真ん中に
合わせておる

サウンドホールを書き、"ネック"をはって

できあがり！

ギター、かっこいいなぁ

\本場のフラメンコショーを見るなら/

バルセロナ（スペイン）

スペイン

情熱的ではげしい踊りと、アップテンポのギターが特徴のフラメンコは、スペインで生まれたんだ。バルセロナなどの大都市では、音楽堂やレストランで本場のフラメンコショーが見られるよ。

★ チャレンジ！ ★

もの知りクイズ

Q **フラメンコギター**

はどれかな？

① ② ③

よ～く写真を見ると、大きさが違うのもあるね

答えはP159へ！ **145**

ふつう ★★	使う道具 ✂はさみ

紙のまい数・サイズ

1まい

15×15cm

サッカー

好きなチームカラーでおってみて！

1 たてに半分におっており目をつけてもどす

2 横に半分におる

3 上の1まいを半分におる

4 真ん中に合わせておっており目をつけてもどす

5 ↓からすきまを開いてつぶすようにおる

6 反対がわも⑤と同じようにおる

7 点線でおる

8 三角が出るように点線でおる

9 うら返す

10 点線でおる

11 ―をはさみで切る

12 点線でおる

できあがり！

★チャレンジ！★ もの知りクイズ

Q サッカーで同じ選手が **1試合に3点取る** ことをなんというかな？

① ゴールトリック
② ハットリくん
③ ハットトリック

サッカーはヨーロッパで1番人気のあるスポーツだよ

ラグビーもイギリス生まれのスポーツなんじゃ

\サッカーの聖地はどこ？/

ロンドン（イギリス）

現代のサッカーはイギリスで生まれたスポーツなんだ。その中心ともいえるスポットが、ロンドンにある「ウェンブリースタジアム」。サッカーの聖地とよばれていて、なんと約9万人も入れるんだよ。

イギリス

本場のアメリカで
野球が見たい！

サッカー／グローブとボール

キャッチボールがしたくなる♪

グローブのつくりかた

かんたん ★

紙のまい数・サイズ
グローブ・ボール

それぞれ1まい

15×15cm

1 たて横半分におっており目をつけてもどす

2 真ん中に合わせておる

3 点線でおる
1.8cm

4 三角が出るように点線でおる
2cm

5 角を3かしょおる

6 うら返す

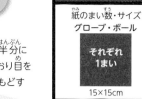
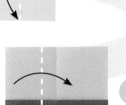
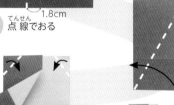

もようを書いてできあがり！

グローブとボール

ボールのつくりかた

1 たて横半分におっており目をつけてもどす

2 真ん中に合わせておる

3 真ん中に合わせておる

4 角を4かしょおる
3cm
3cm

5 うら返す

もようを書いてできあがり！

アメリカのスタジアムって迫力があるわね！

チャレンジ！★ もの知りクイズ

Q **メジャーリーグ**には、ナショナル・リーグのほか、あとどれがある？
① アメリカン・リーグ
② ユナイテッド・リーグ
③ ワールド・リーグ

ロサンゼルス・エンゼルスには、二刀流で有名な日本人選手がいるよね！

\スタジアムに行くなら/

アナハイム（アメリカ）ほか

アメリカ

本場・アメリカで野球を観戦するなら、日本人選手が活躍するロサンゼルス近郊のアナハイムへ。「ロサンゼルス・エンゼルス」のスタジアムは、チームの選手がホームランを打つと花火が打ち上がるよ。

答えはP159へ！ (147)

リュック

むずかしい ★★★ 　使う道具 ✂はさみ 🧴のり

紙のまい数・サイズ
1まい
15×15cm

◀動画もあるよ！

ハイキングに出かけよう！

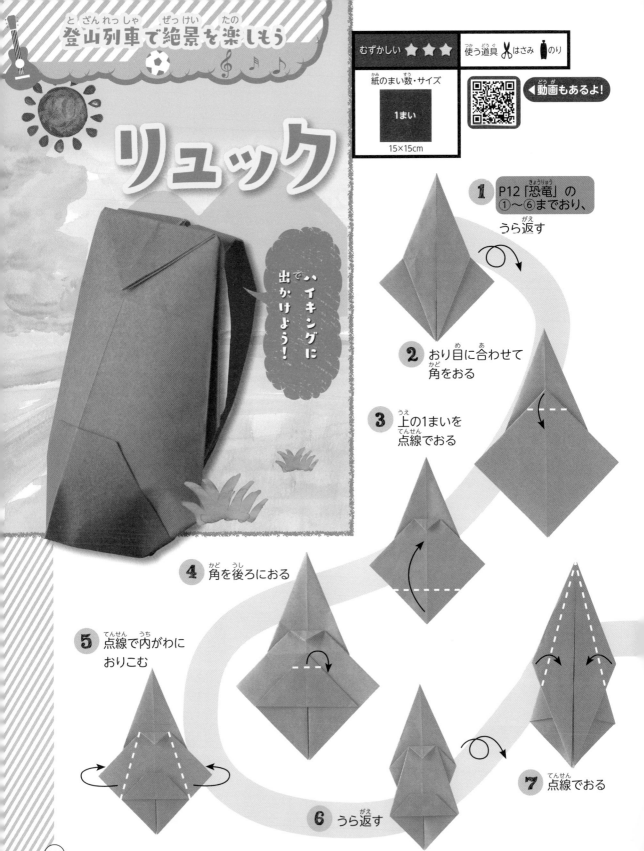

1 P12「恐竜」の①〜⑥までおり、うら返す

2 おり目に合わせて角をおる

3 上の1まいを点線でおる

4 角を後ろにおる

5 点線で内がわにおりこむ

6 うら返す

7 点線でおる

9 角を点線でおる

✂

10 ―をはさみで切る

11 切ったところをおり下げる

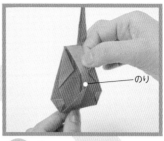

のり

12 切った両方の先にのりをつけて下の角のすきまにさしこむ

13 うら返す

14 ⬆から指をさしこんでふくらます

⬆

8 ふちとふちを合わせて点線でおる

✨ できあがり！ ✨

★ チャレンジ！ ★
もの知りクイズ

Q 写真の山はなんていう名前かな？

① エベレスト
② モンブラン
③ マッターホルン

マッターホルンの「ホルン」はツノという意味だよ

登山鉄道で途中下車すると、こんな風景も見られるんじゃ

\登山気分を味わうなら/
ゴルナーグラート（スイス）

スイス

スイスは山登りをしなくても絶景に出合える国なんだ。ヨーロッパで一番高い場所を走る列車「ゴルナーグラート鉄道」にのると、窓から標高4000m級の美しい山々が見られるよ。

答えはP159へ！ (149)

アロハシャツ

飾っても
おしゃれ♪

かんたん ★

紙のまい数・サイズ

1まい

15×15cm

1 たて横半分におって
おり目をつけてもどす

2 両はしを真ん中に
合わせておる

3 点線でおる

4 三角が出るように
点線でおる

5 真ん中で後ろにおる

できあがり!

★ **チャレンジ!** ★
**もの知り
クイズ**

Q アロハシャツの
もとになった服は
どれかな?

①中国のチャイナドレス
②アメリカのジーンズ
③日本の着物

ハワイではアロハ
シャツが男の人の
正装なんだって

これを着て海にいきた～い!

\ アロハシャツの本場は? /

ハワイ（アメリカ）

アロハシャツが最初につくられた
のは、アメリカのハワイなんだ。
オアフ島へ行けば、アメリカでも
屈指の広さをもつ「アラモアナセン
ター」などで、本場のすてきな
シャツが買えるよ。

ハワイ

答えはP159へ!

日本でもおなじみ！

楽しい世界のおまつり

みんな大すきなハロウィンやクリスマスは、
じつは外国からきたおまつりなんだ。
いつかサンタに会いに
フィンランドへ！

ふつう ★★	使う道具 ✂はさみ 🔲のり

紙のまい数・サイズ
かぼちゃ・ぼうし

それぞれ
1まい

15×15cm

かぼちゃ ぼうし

▲動画もあるよ！

ハロウィン かぼちゃと ぼうし

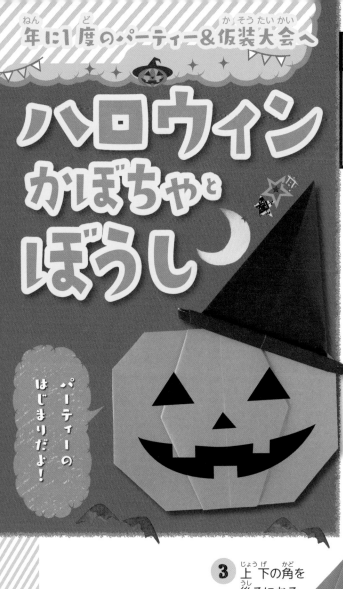

パーティーの
はじまりだよ！

かぼちゃを つくろう

1 P12「恐竜」の
①〜④までおり、
上の1まいを点線で
内がわにおる

2 上の1まいを
点線で
内がわにおる

3 上 下の角を
後ろにおる

4 左右の角を
後ろにおる

5 カボチャの
できあがり

ぼうしを つくろう

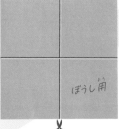

ぼうし用

1 紙を4分の1に
切る

152

5 真ん中に合わせておる

6 うら返す

4 角を点線でおる

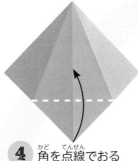

"かぼちゃ"に顔を書いて "ぼうし"をのせたらできあがり！

3 真ん中に合わせておっており目をつけてもどす

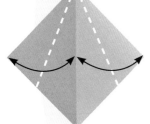

7 点線でまくようにおる

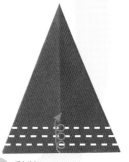

2 たてに半分におっており目をつけてもどす

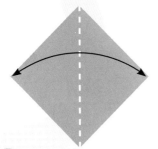

8 帽子のできあがり

★チャレンジ！★ もの知りクイズ

Q ハロウィンで**仮装をする**ワケは？
①おばけの気持ちを知るため
②神様に見つけてもらうため
③悪い霊を追い払うため

トリック・オア・トリート！

わたしも仮装した〜い！

\大迫力のハロウィンを体験/

ニューヨーク（アメリカ）

アメリカ

アメリカ中がおまつり騒ぎになる10月31日のハロウィン。なかでもニューヨークで行われる「ニューヨーク・ビレッジ・ハロウィン・パレード」の仮装行列はインパクト満点。だれでも自由に見られるよ。

答えはP159へ！ (153)

ふつう ★★

紙のまい数・サイズ
サンタ・ツリー

それぞれ
1まい

15×15cm

◀動画もあるよ!

プレゼントはどこにおこうかな?

クリスマス サンタとツリー

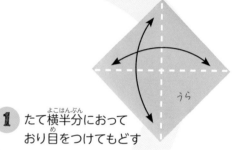

サンタのつくりかた

1 たて横半分におって
おり目をつけてもどす

2 真ん中に向かって
角をおる

3 ふちに合わせておって
おり目をつけてもどす

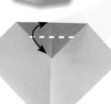

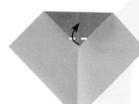

4 ③のおり目に
合わせておる

5 点線でまくよう
におる

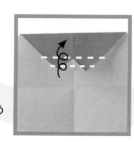

6 ふちに合わせておる

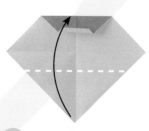

11 点線でおる

12 点線でおって角を
すきにさしこむ

10 真ん中に合わせておる

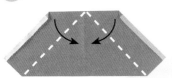

13 左も⑪⑫と
同じようにおる

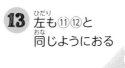

9 両はしをおる

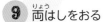

8 うら返す

15 うら返す

14 角を内がわにおる

7 下が少しあくようにおる

次のページへつづく

ツリーの つくりかた

◀ 動画もあるよ！

顔を書いて できあがり！

1 たてに半分におって
おり目をつけてもどす

3 点線で前に
だんおりにする

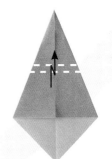

2 真ん中に合わせておる

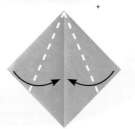

155

5 角をおる

1. まずここで
上におり

2. ここで
下におる

6 点線で前に
だんおりにする

7 ◁▷からすきまを開いて
つぶすようにおる

4 うら返す

8 点線でおる

前のページのつづき

9 うら返す

10 真ん中で少し
後ろにおって
立てる

かざりを書いたりはったりして
できあがり！

★ **チャレンジ！** ★
**もの知り
クイズ**

Q サンタクロースの
ソリを引く**トナカイ**は
どれかな？

トナカイってツノ
があったよね…？

①

実はソリを引いて
いるのはメスのト
ナカイなんじゃ

②

③

＼サンタに会える村は？／
ロヴァニエミ（フィンランド）

フィンランド

サンタクロースのふるさとといわれて
いるフィンランド。北極圏に近いロヴァ
ニエミという町には、本物のサンタさ
んに会える「サンタクロース村」ま
であるんだ。記念写真はもちろん、
冬はトナカイが引くソリにものれるよ。

さくいん

かんたん ★
ふつう ★★
むずかしい ★★★

あ アイスジェラート ☆☆………P117
秋田犬 ☆☆………P52
アルパカ ☆☆☆………P90
アロハシャツ ☆………P150

い イルカ ☆☆………P100

う うで時計 ☆☆☆………P44
ウミガメ ☆☆………P56

え エッフェル塔 ☆☆………P108

お おすし ☆☆………P24
おひなさま ☆☆………P74
オランダの木ぐつ ☆☆………P137
おんぷ ☆………P142

か かっぱ ☆☆………P68
かに ☆………P30
カンガルー ☆☆☆………P98

き 着物 ☆☆………P138
ギョウザ ☆………P33
きょうりゅう ☆☆………P12
キリン ☆☆☆………P94

く クリスマス　サンタとツリー ☆☆………P154
グローブとボール ☆☆………P147
クロワッサン ☆☆………P118

こ コアラ ☆☆………P96
紅茶 ☆………P119
ごはん ☆………P31

さ さくら ☆☆………P78
さくらんぼ ☆☆………P34
サッカー ☆☆………P146
三猿(見ざる・言わざる・聞かざる) ☆☆………P64

し ジーパン ☆………P47
シカ ☆☆………P54
信楽たぬき ☆☆………P58
自由の女神 ☆☆☆………P110
ジンベエザメ ☆………P17

す すいか ☆………P37
スプーンとフォーク ☆☆………P48

そ ゾウ ☆☆………P92

た 大仏さま ☆☆………P18
七夕の星 ☆………P86

タピオカドリンク ☆………P125
だるま ☆☆………P62

ち チマチョゴリ ☆☆☆………P132
チャイナドレス ☆☆………P135

て てんぐ ☆☆………P66

と 東京スカイツリー ☆☆………P6
とうもろこし ☆………P38

に にんじゃ ☆☆☆………P70

は パイナップルとバナナ ☆☆………P126
ハシビロコウ ☆☆………P88
花火 ☆☆………P14
ハロウィン　かぼちゃとぼうし ☆☆………P152
パンダ ☆☆………P10
ハンバーガー ☆………P128

ひ ビール ☆………P124
ピザ ☆………P116
ピラミッドとスフィンクス ☆☆☆………P112

ふ 風車とチューリップ ☆☆………P104
富士山 ☆………P9
ぶどう ☆☆………P40
フラメンコギター ☆☆………P144

ほ ほうちょう ☆☆………P50

ま マカロンとケーキ ☆☆………P120
マトリョーシカ ☆………P136
まねきねこ ☆☆………P60

み みかん ☆………P42
メープルシロップ ☆☆………P130
めがね ☆☆………P46
メロン ☆………P36

も もも ☆☆………P39
ももたろう ☆………P72
もみじ ☆☆………P80

ゆ 雪だるま ☆☆………P84
雪のけっしょう ☆………P82

ら ラーメン ☆………P32
ラクダ ☆☆………P102

り リュック ☆☆………P148

ろ ロケット ☆☆………P20

わ ワインとワイングラス ☆☆………P122

P8 こたえ①
①が東京スカイツリー天望回廊からのながめ。②は東京タワー、③は東京都庁からのながめ。

P9 こたえ③
環境を守るため、五合目以上では石も植物も持ち帰ってはいけない。

P11 こたえ③
シャンシャンは2017年に恩賜上野動物園で生まれたパンダの名前。

P13 こたえ①
1989年に発見された化石が新種と認められ、フクイサウルスと命名。

P16 こたえ①
「炎色反応」といって、金属は加熱するとさまざまな色を出す。

P17 こたえ②
成長すると体の長さは約10〜12mに。

P19 こたえ②
仏教をひらいたお釈迦様の身長は約4.85mだという説があり、一般的にはそれ以上の大きさを「大仏」とよぶ。座像の場合は半分の約2.43m以上。

P22 こたえ③
種子島東南端の海岸線に面して発射場がある。

P29 こたえ①
②はサバ、③は鮭。

P30 こたえ③
11月上旬〜3月下旬が旬。冬の定番グルメ。

P31 こたえ①
②は麦、③はススキ。

P32 こたえ①
日清食品が発売したインスタント麺「チキンラーメン」がきっかけ。

P33 こたえ③
宇都宮市には酢だけで味わうことをおすすめするお店がたくさんある。

P35 こたえ③
山形県では「小さな恋人」の愛称で親しまれている。

P36 こたえ②
はじめは「安心ですメロン」という名前で売り出すつもりだったそう。

P37 こたえ③
四角型や人面型などもある。

P38 こたえ②
ひげの数はとうもろこしの実の数と同じ。600本前後。

P39 こたえ①
桃はバラ科の植物。

P41 こたえ①
②はリンゴ、③はブルーベリー。

P42 こたえ①
皮の色のほか、大きさは小ぶりの方が味が濃い。かたちはやや平べったいものがよいとされている。

P45 こたえ①
スイスは世界でも有数の時計づくりが盛んな国。

P46 こたえ③
1980年代に世界初のチタン製めがねフレームの商品化に成功した。

P47 こたえ②
普通のズボンだとすぐにすり切れてしまうため、デニム生地が使われた。

P49 こたえ①
燕市の磨きのプロ集団、「磨き屋シンジケート」が初期iPodの研磨を手がけた。

P50 こたえ③
「イイハ（118）」の語呂合わせになっている。

P53 こたえ①
②は豆柴、③はパグ。

P55 こたえ③
芝を食べる野生の鹿は全国でもめずらしい。

P57 こたえ③
目の横にある器官で体の塩分を調整していて、それが涙に見える。

P59 こたえ①
昭和天皇が感激してよんだ和歌が、マスコミにとりあげられ有名に。

P61 こたえ①
左前脚は縁結びや商売繁盛、右前脚は金運を意味している。

P62 こたえ③
①は宮城県仙台市の松川だるま、②は大分県竹田市の姫だるま。

P65 こたえ①
幼い子へのしつけの教訓ともいわれている。

P67 こたえ①
「てんぐ」には自慢する人、うぬぼれる人」という意味もある。

P69 こたえ②
おすしの「かっぱ巻き」はこの言い伝えから名付けられた。

P71 こたえ①
竹筒をシュノーケルのようにして水中に隠れる術。

P72 こたえ①
桃太郎の家来は犬、サル、キジ。

P77 こたえ①
天皇陛下と皇后様の結婚式を表している。

P79 こたえ②
50円玉には菊、500円玉には桐などが描かれている。

P81 こたえ①
葉っぱのかたちがカエルの手に似ていることから「カエルデ」とよばれ、それが「カエデ」というよび名に変化した。

P83 こたえ②
1972年に制作された「ガリバーようこそ札幌へ」が最大。

P85 こたえ③
雪が湿っていると、転がしたときに雪がくっつきやすく固まりやすい。

P86 こたえ②
仕事をしないで二人で遊んでいたら、神様がおこった。

P89 こたえ③
えものをとったあとも、あまり動かない。

P91 こたえ③
大量の胃液もまざっていて、かなりくさい。

P93 こたえ③
体が大きいため、何度も立ったり座ったりできない。

P95 こたえ①
ほかの動物が届かない高いところのエサを食べるため。

P97 こたえ③
主食であるユーカリの葉っぱが栄養にとぼしく、たっぷり眠ることで体力を節約している。

P99 こたえ②
①はワラビー、③はウサギ。

P101 こたえ③
①はサメ、②はシャチ。

P102 こたえ③
一度に100ℓ以上の水を飲むことも。

P107 こたえ①
土地が低いため、風車で水路の水をかき出している。

P109 こたえ①
最上階に、設計した人の部屋が1室のみつくられた。

P111 こたえ②
フランスから贈られ、1886年に完成した。

P114 こたえ③
頭は人間、体はライオン。

P116 こたえ②
①はマリナーラ、③はビスマルク。

P117 こたえ②
とけはじめが一番おいしいとされている。

P118 こたえ②
かたちが三日月に似ているため名付けられた。

P119 こたえ①
イギリスの「王立化学協会」が認定している。

P121 こたえ③
アーモンドパウダーなどが練り込まれている。

P123 こたえ②
ブドウの皮や種を取り除いて発酵させるのが白ワイン。

P124 こたえ③
苦みや香り付けに使われる。

P125 こたえ①
キャッサバというイモのデンプン。

P127 こたえ①
②はバナナ、③はマンゴー。

P129 こたえ②
一般的なハンバーガーのパティにはおもに牛肉が用いられる。

P130 こたえ③
「メープル」はカエデ属の植物。

P134 こたえ①
「チマ」は巻きスカート、「チョゴリ」は上着のこと。

P135 こたえ②
満州族の男性が着ていた。

P136 こたえ③
箱根の「入れ小細工」という民芸品がヒントになった。

P137 こたえ③
土地が低いため湿地が多く、足がぬれない靴が使われるようになった。

P140 こたえ③
「なにごともまるく収まりますように」などの意味が込められている。

P143 こたえ②
アメリカの作曲家、ジョン・ケージの「4分33秒」という曲。

P145 こたえ①
②はウクレレ、③はエレキギター。

P146 こたえ③
もともとはクリケットというスポーツで使われていた言葉。

P147 こたえ①
アメリカン・リーグとナショナル・リーグに15チームずつ所属している。

P149 こたえ③
スイスのシンボルとして親しまれている標高4478mの山。

P150 こたえ③
日本の着物をシャツに仕立てたことが起源といわれている。

P153 こたえ③
自分の身を守るために、悪い霊と同じ格好をして仲間だと思わせるともいわれている。

P156 こたえ②
①はエゾシカ、③はロバ。

るるぶ 楽しく折って親子で"世界一周!

旅のおりがみ100

著者 **新宮文明(しんぐうふみあき)**

福岡県大牟田市生まれ。デザイン学校を卒業後上京、1984年に株式会社シティプラン設立。グラフィックデザインのかたわら、オリジナル商品「JOYD」シリーズを発売し、トイザラス、東急ハンズ、ニューヨーク、パリなどで販売。1998年「折り紙遊び」シリーズを発売。2003年「おりがみ くらぶ」サイト開始。『エンジョイおりがみ』(朝日出版)、『おりがみしょうよ』『ふしぎおりがみ』(日本文芸社)、『おりがみえほんシリーズ』(文渓堂)など著書多数。

おりがみくらぶ **https://www.origami-club.com/**

2020年11月15日初版印刷
2020年12月 1日初版発行

編集人
安藤博子

発行人
今井敏行

発行所
JTB パブリッシング
〒 162-8446 東京都新宿区払方町 25-5
編集:03-6888-7878
販売:03-6888-7893
https://jtbpublishing.co.jp/

企画・編集
海外情報事業部

編集・制作
木原一美
佐藤洋子
むしか
(小野川由基知/髙尾絵里/八藤丸祐己/大須賀有詞亜/矢野夏帆)
野澤正尊

アートディレクション・デザイン
中嶋デザイン事務所

撮影・写真協力
大塚恵
PIXTA

イラスト
福田 透
中嶋デザイン事務所

地図
ジェイ・マップ
千秋社

印刷・組版
共同印刷

・本書に掲載された折り図の無断転載・掲載は著作権法により禁止されております。
・本書に掲載している情報は、原則として2020年9月末日現在のものです。発行後に変更になる場合があります。お祭りやイベントについては、年により中止や変更の場合もありますので、必ず事前に現地の情報をご確認下さい。
・本書に掲載の日本の地図作成にあたっては、国土地理院の国土基本情報を使用しました。世界地図の作成にあたっては、NCEIおよび、Natural Earthが公開しているデータを利用しています。地図はわかりやすく紹介するため、一部をのぞき離島の記載を割愛している場合があります。
・本誌に掲載された内容による損害等は、弊社では補償いたしかねますので、あらかじめご了承くださいますようお願いいたします。

おでかけ情報満載『るるぶ&more』
https://rurubu.jp/andmore